500

DIE GUANCHEN
Ihr Überleben und ihre Nachkommen

José Luis Concepción

Titelbild: Manuel José Borges Ripoll
Fotografie: José Luis Concepción Francisco
Verleger: José Luis Concepción Francisco
Druckerei: GRAFICAS YURENA,
C/ San Cristóbal, 12, S/C. Tenerife.

Uebersetzung: Magrit Frommelt
Depósito Legal: TF.- 157/86
I.S.B.N: 84-398-5627-X

1. Auflage Dez. 1983
2. Verb. Auflage Jan. 1986. (nach der 8 span. Auflage)
3. Auflage Mai 1986
4. Auflage Juli 1986
5 Auflage Mär. 1987.

Titel der Originalausgabe:
«Los Guanches que sobrevivieron y sus descendencia»

Meinen Kindern Armide und Benayga

EINLEITUNG

Die Geschichte der Eroberung und Kolonisation der Kanarischen Inseln – ganz besonders die der am meisten bevölkerten Inseln – ist während langer Zeit von den Ansiedlern und deren Nachkommen zweckmässig manipuliert worden. In einigen Fällen hat sich dies bis in unsere Tage hingezogen. Dieses hat dazu beigetragen, die historischen Tatsachen zu verschleiern. Als Beispiel können wir Viana zitieren, der, um seine fantastischen Gedichte zu verschönern, alles erfand was ihm gut dünkte. Dieser Autor hat einige Anhänger gehabt, die, sich auf Lugo beziehend, patriotische Ausdrücke benutzten wie: «unser General» oder «die Unseren», die sie häufig gebrauchten, um die von den Eroberern begangenen Grausamkeiten zu vertuschen. Diese Redensarten selbst haben nichts besonderes an sich; das Entscheidende dieser Historiker aber liegt in ihren Bemühungen, die Namen der Eroberer hervorzuheben und fast immer die unglückseligen Ureinwohner demütigend und verächtlich darzustellen. – Beweis dafür ist, wie wenig sie sich darum kümmerten, so viele wichtige Dinge festzuhalten, die für die Gegenwart in Vergessenheit gerieten.

Mit dieser Arbeit möchte ich einzig und allein beweisen, dass die Rasse der Guanchen nicht ausgestorben ist, wie viele glauben. Die Sprache verschwand ebenso wie die Kultur und das sozio-politische System, aber das Wichtige – das Volk – blieb erhalten. Auch möchte ich nicht entscheiden, wer mehr Guanche oder weniger Guanche ist.

Die Mehrzahl der Kanarier weiß wenig oder so gut wie nichts über die Guanchen. Meiner Meinung nach wurde deren Geschichte nicht in angemessener Form dem schlichten und einfachen Volk berichtet.

Dies ist ein Buch, welches, wenn auch nur in Form einer Zusammenfassung, die wichtigsten Aspekte unserer Geschichte festhalten will. So wird es jeder in kurzer Zeit lesen können und auf diese Art Grundkenntnisse erwerben, die jeder Kanarier besitzen sollte. Diejenigen, die sich näher mit diesem Thema befassen wollen, können es mit Hilfe des hinten angeführten Literaturverzeichnisses.

Im ersten Teil beschreibe ich auf einfache Art und Weise den Ursprung und die Sitten der Guanchen, da ich dies als eine Grundlage sehe für jene Personen, denen diese Dinge unbekannt sind. Auch dient es als Basis zum Kapitel «Überleben der Guanchen».

Im zweiten Teil beschränke ich mich darauf, die wichtigsten Geschehnisse der Eroberung – und insbesondere die Anzahl ihrer Todesopfer – aufzuführen.

Als letztes, im dritten Teil, mit so wenigen Kommentaren wie möglich, berichte ich über viele von den im Zusammenhang mit den Guanchen und anderen wichtigen Geschehnissen vorhandene Dokumente wie zum Beispiel die Amtsenthebung der Gouverneure, die Gerichtsverfahren gegen Lugo und die Señora de Bobadilla, welche einige Entschädigungen an die Ureinwohner leisten mussten wegen begangener Rechtsbrüche, oder zum Beispiel Gründe, weswegen sich die Guanchen gezwungen sahen, ihre eigene Rasse zu verleugnen... und am Ende gebe ich ein Verzeichnis über die Gewohnheiten und Sitten der Guanchen, die sich bis in unsere Tage erhalten haben.

ERSTER TEIL

DIE LEBENSWEISE UND DER URSPRUNG DER GUANCHEN

WIE WAREN DIE GUANCHEN?

Wir alle wissen, dass die Guanchen die Ureinwohner der Kanarischen Inseln waren, obwohl dieses zu Missverständnissen geführt hat, da mancher es so verstand, dass die Guanchen als solche nur auf Teneriffa lebten. Gewiss ist, dass die Einwohner dieser Insel Guanchen genannt wurden und am Anfang der Kolonisierung, je nach der Insel ihrer Abstammung: Guanchen, Kanarier, Gomerer, Palmeros... Es besteht aber kein Zweifel daran, dass alle Ureinwohner eines gemeinsamen Ursprungs waren und seit einiger Zeit gebraucht man das Wort «Guanche» als Ausdruck für die kanarische Sprach- und Kulturgemeinschaft.

Von Gestalt waren sie nicht so gross und korpulent, als wären sie Riesen gewesen, wie es sich viele Leute vorstellen. Ja, es stimmt, es gab einige hochgewachsene, die grosse Mehrheit aber war mittleren Wuchses[1]. Heute ist wissenschaftlich bewiesen, dass sie tatsächlich mittlerer Grösse waren, wenn auch die Gomeros kleiner als die von Teneriffa, und die von Gran Canaria und von Fuerteventura relativ gross waren[2].

Grundsätzlich existierten zwei Rassen: Die cromagnoide und die mittelländische. Nach Frau Dr. Ilse Schwidetzky hat die cromagnoide Rasse ein breites und derbes Gesicht und die mittelländische Rasse ein langes und feines Gesicht[3].

Die Guanchen hatten keine Verbindungen zwischen den Inseln, da sie die Seefahrt nicht kannten. Sie waren friedfertig und von sehr guten Eigenschaften: tapfer und grosse Verteidiger ihrer Heimat, grossmütig, mitfühlend und zuverlässige Einlöser ihrer Versprechen.

Juan de Bethancourt's Geistliche schreiben über sie: «Fahrt um die ganze Welt, nirgendwo werdet ihr herrlichere und besser gewachsene Menschen antreffen wie die, die sich auf diesen Inseln befinden, sowohl Männer wie auch Frauen. Gross wäre ihr Verstand, wären sie gelehrt».[4]

POLITISCHE UND SOZIALE STRUKTUR

Zur Zeit der Eroberung der Kanarischen Inseln wurde jede von einem oder mehreren Königen oder Fürsten regiert. Auf Gran Canaria nannten sie den König *guanarteme* und auf Teneriffa *mencey.* Die Könige besassen ihre Ratgeber oder Häuptlinge. Auf Teneriffa unterschied man drei verschiedene Gesellschaftsschichten: *Achimenceyes,* der Rang unmittelbar nach dem König, *Achiciquitza,* der Adel, und *Achicaxna,* der Bürger. Den Häuptling nannte man *Sigoñe.*

Auf Gran Canaria nannten sie den Hohen Priester *Faycán; Guaire* oder *Gaire* den Ratgeber oder Häuptling, und *Fayacán* den Richter. Wurde jemand zum König ernannt, hatte er folgenden Eid zu leisten: «Agoñe Yacoron Yñatsahaña Chacoñamet»[5] (ich schwöre auf den Knochen dessen, der mich gross gemacht hat). Diese Zeremonie wurde im «tagoror» (Beratungsplatz) abgehalten.

Die Gesetze waren auf jeder Insel anders: Auf El Hierro wurde demjenigen, der zum ersten male Diebstahl beging, ein Auge entfernt – das andere beim nächsten mal. Auf Gran Canaria tötete man den Mörder; wer stahl, kam ins Gefängnis. Auf Fuerteventura wurde dem Verbrecher der Schädel mit einem Stein eingeschlagen. Auf Teneriffa existierte die Todesstrafe nicht. Der Dieb wurde schwer bestraft; auf ganz besondere Art derjenige, der sich Frauen gegenüber respektlos verhielt. Dem Mörder wurde all sein Besitz genommen um die Hinterbliebenen zu entschädigen, er selber wurde aus dem Königreich verbannt. Auf La Palma wurde der Diebstahl nicht bestraft, da er als Kunst angesehen wurde. Jeder König traf sich mit seinen Ratgebern im *tagoror* (Ratsplatz in Form eines Steinkreises), um über verschiedene Angelegenheiten zu beraten und um Recht zu sprechen.

Jeder Mann konnte in den Adelsstand erhoben werde.Dafür musste er persönliche Verdienste nachweisen und durfte keine schlechten Gewohnheiten gehabt haben. Während der Zeremonie wurde gefragt, ob er beim Töten oder Melken von Ziegen gesehen worden war, ob er die Mahlzeit mit eigenen Händen bereitet habe, ob er in Friedenszeiten gestohlen habe oder ob er unehrbar gewesen war – insbesondere einer Frau gegenüber... Lautete die Antwort «nein», wurde er zum Adeligen ernannt, war die Antwort jedoch «ja», schnitten sie ihm dass Haar und verwandelten ihn für alle Zeit in einen Nicht-Adeligen, dem sie den Spitznamen «trasquilado» (der Geschorene) gaben.

ARBEIT UND HANDWERK

Die Guanchen widmeten sich vor allem der Viehzucht, aber auch der Landwirtschaft. Sie ernteten Getreide und zum Roden der Erde benutzten sie Ziegenhörner. Bei der Aussaat von Gerste, Weizen und Bohnen halfen ihnen die Frauen, die Körner auszulegen. Auch verstanden sie, das Wasser – wo es vorhanden war – nützlich zu verwenden.

Die Guanchen kannten auch die Töpferei und verzierten ihr Tongeschirr recht gut. Sie besassen verschiedenartige Gefässe von unterschiedlichen Grössen und Farben. «Sie wurden handgearbeitet und mit Rötel gefärbt, und waren sie trocken, wurden sie mit glatten Steinen poliert und bekamen so einen guten und dauerhaften Glanz. Sie fertigten sie gross und klein an und machten auch Tassen und Teller...».[6]

WOHNUNGEN

Sie wohnten hauptsächlich in Höhlen oder in Steinhütten mit strohgedeckten Dächern.

Auf Gran Canaria war die Zivilisation fortgeschrittener; man baute Höhlen und Steinhäuser mit Zimmern und bildete richtige Dörfer. Diese Wohnungen mit Türen und Fenstern wurden mit Holzbalken gedeckt, darüber kamen ordentlich verlegte flache Steine (lajas), und danach legten sie Stroh darüber. Zuletzt dichteten sie mit angerührtem Lehm ab, um sicher zu sein, dass es nicht durchfeuchtete.

Das Bett wurde an den Seiten des Hauses aus Steinen errichtet. Darauf legten sie als Matrazen Stroh, Matten oder Felle. Als Decke benutzten sie Felle oder aus Binsen gearbeitete Matten.

KLEIDUNG UND SCHMUCK

Sie benutzten Kleider (tamarcos) aus wildlederartig gegerbten Ziegen– oder Schaffellen, von denen viele gut angefertigt waren. Auf Gran Canaria trugen sie auch aus Binsen oder Palmblättern gut gewebte Kleiderröcke. Nach Torriani waren die Kleider der Frauen aus vorgefertigten Fellen, wie sie auch in der Lombardei und an anderen Orten getragen wurden. «... sie bedeckten sich von Kopf bis Fuss. Die Haare wurden anstelle von Schleifen mit Binsen geflochten oder lose über die Schultern hängend getragen, und die Stirn als besonderes Schönheitsmerkmal blieb unbedeckt».[7] Padre Espinosa

Eingeborene aus Gran Canaria.

Eingeborene aus El Hierro.

Torriani, Seiten 107 und 115 «Descripción de las Islas Canarias» Ediciones Goya, Santa Cruz de Tenerife, 1978.

sagt: «...diese Art von Kleidung nannten sie tamarco und sie war bei Männern und Frauen gleich, ausser, dass die Frauen aus Sittsamkeit unter dem tamarco eine Arte von ledernem Kittel trugen..., denn es war für die Frauen unehrenhaft, Brüste und Beine zu entblössen».[8]

Das Schuhwerk war auch aus Fellen. Auf Teneriffa nannten sie es *xercos,* und *maho* auf Lanzarote und Fuerteventura.

Als Schmuck trugen sie Ketten aus Tonkugeln, Meeresmuscheln, Steinen und Knochen.

NAHRUNGSMITTEL

Ziegen, Schafe, Schweine und Hunde waren ihre einzigen Haustiere. Von den Ziegen und Schafen dienten ihnen zur Ernährung ausser Milch und Käse auch deren Fleisch und Fett. Sie assen auch Schweinefleisch,[9] obgleich einige Chronisten sagen, dass ihnen diese Tiere heilig waren.

Sie stellten gofio aus Gerste, Weizen und Bohnen her, welche in Tongefässen geröstet und in Steinmühlen gemahlen wurden. Ausserdem ernährten sie sich von Früchten einschliesslich Feigen, von Mocán-Honig, Meeresfrüchten, Datteln, Farnwurzelmehl und Fisch. Der Fisch wurde entweder mit Netzen, die aus Binsen oder Palmblättern geflochten waren, oder mit Lanzen mit Ziegenhornspitzen gefangen.

GEBRAUCHSGEGENSTÄNDE UND KRIEGSWAFFEN

Unter den Hausgeräten befanden sich ausser den Töpfereien auch Steinmühlen, Holzgefässe, Kämme aus Holz, Zickleinbälge (baifo), Lederbeutel zum Transport von Sachen, Binsensäcke (carianas) auf Gran Canaria, Steinmesser aus Obsidian, Nadeln aus Gräten und Knochenstichel zum Nähen der Felle.

Die Hirten gebrauchten sehr lange und gut polierte Lanzen, um über Klippen und Schluchten zu springen. Sie benutzten aber auch kleine Stöcke.

Als Kriegswaffen hatten sie auf Teneriffa den *banot* (eine Art Wurfspeer), auf Gran Canaria den *magado,* auf La Palma die *moca,* auf Fuerteventura die *tezzeses...* und andere Waffen aus Holz. Sie besassen ausserdem *tabonas* (Steinmesser), welche sie zuerst gebrauchten, wenn sie sich im Kampf gegenüberstanden.

FESTE UND SPORT

Das Hauptfest war *beñesmen,* das im Sommer anlässlich der Ernte von Früchten und Korn stattfand. Dieses Fest bestand aus verschiedenen Teilen: Dem Festessen *(guatativoa),* Tanz und Gesang, Wettkämpfen oder Herausforderung zum Steinheben, Ringkämpfen und Stockfechten... «Sie hielten im Jahr (es wurde nach der Umlaufzeit des Mondes berechnet) viele Hauptversammlungen ab. Und der König, der zu dieser Zeit regierte, lud zum Mahl ein, er spendete das Vieh, gofio, Milch und Schmalz... Und hier zeigte jeder, was er konnte, tat gross mit seinen Künsten beim Springen, Laufen, Tanzen und Ringkampf und mit allen anderen Dingen, deren er fähig war».[10] Auf Fuerteventura forderten sie sich zu grossen Sprüngen mit ihren Lanzen heraus. Eine andere Art der Herausforderung war, ihre Tapferkeit zu beweisen, indem sie Gegenstände auf sehr gefährliche Klippen brachten.[11]

Befanden sie sich im Krieg, war es Sitte, zu Beginn der Feste die Waffen niederzulegen.

TANZ UND GESANG

Die Guanchen liebten Tanz und Gesang. «Sie besassen ein Haus, wo sie zum Tanzen und Singen zusammen kamen. Ihr Tanz bestand aus kurzen, hurtigen Schritten und ist derselbe, der heute «canario» genannt wird. Ihre Lieder waren schmerzlich und traurig oder auch verliebt oder leidenschaftlich, und alle wurden Klagelieder genannt».[12] Dieser Tanz wurde in Europa berühmt. «Es handelt sich um einen Tanz der Aufforderung und Ablehnung, in welchem sich zwei Reihen Tänzer und Tänzerinnen gegenüberstehen und sich einander nähern und von einander entfernen mit graziösen Sprung–und Stampfschritten, von denen einige wirklich schwierig sind».[13]

EHESCHLIESSUNGEN

Zur Eheschliessung genügte die Einwilligung beider Partner, zur Auflösung der Wunsch eines von ihnen. Der einzige Nachteil war, dass die Kinder dieser Ehe als unehelich angesehen wurden, nicht so die Kinder aus einer neuen Heirat. Dazu Abreu Galindo: «... es heirateten die kanarischen Männer nicht mehr als eine Frau, wenn auch namhafte Autoren es anders sagen. Ferner ist es auch nicht wahr, dass die schwangeren Frauen in den Tempel gebracht wurden, nach der Niederkunft von ihren Männern abgesondert waren und dass diese das Recht hatten, sich Sklavinnen zu verschaffen, um ihre Lust zu stillen und zu befriedigen... nämlich, weil sie auf diesen Inseln gar nicht wussten, was für eine Sache Sklavinnen waren...»[14]

SPRACHEN UND INSCHRIFTEN

Die Sprache der Guanchen war eines Ursprungs, aber dem Anschein nach mit mundartlichen Unterschieden je nach Insel. Es gab auf allen Inseln gemeinsame Wörter wie: *ahemen* oder *ahemon* (Wasser), *aho* (Milch), *gánigo* (Tongefäss) *gofio* (geröstetes Mehl), *mocán* (ein Baum) *tabona* (Steinmesser), *tamarco* (Kleid), *verode* (eine Pflanze)... und viele solche Ausdrücke mehr. Den Chronisten nach handelte es sich um eine weiche Aussprache.

Auf verschiedenen Inseln gibt es unterschiedliche Felsinschriften. Auf La Palma kommen häufig die Spiralen vor, auf El Hierro unter anderem Kreisformen mit Kreuzen in der Mitte. Die Zeichen von Gran Canaria sind denen von El Hierro ähnlich, auch gibt es dort viele Malereien. Lanzarote ist eine Insel mit ähnlichen Felszeichen wie La Palma.

RELIGION

Nach Abreu Galindo und Espinosa glaubten die Ureinwohner an ein Höchstes Wesen, das sie mit den Namen «*Aborac*», «*Acoran*» und anderen anriefen. Einige Chronisten haben gesagt, dass sie an Dämonen wie *guayota,* der im Vulkan des Teide (echeide oder Hölle) lebte, glaubten. Doch der Glaube an die Existenz der Hölle schliesst nicht den Glauben an Gott aus.

Alle Volksstämme besassen ihre Priester, Tempel, oder andere Gebetsorte. Auf Gran Canaria gab es eine Art von Nonnen (*harimaguadas,* Tempelmädchen), deren einzige Aufgabe das Gebet und das Unterrichten war. Ihre Klöster (conventos) hiessen *tamogantes* und der Tempel *almogaren.*[15]

Auf Teneriffa trennte man die Lämmer von den Schafen, um zusammen mit derem Bähen Gott um Regen anzuflehen.

Auf den restlichen Inseln gab es andere ähnliche Riten und man opferte Gott Lebensmittel.

Pater Espinosa sagt, als er über Teneriffa berichtet: «... Man sieht klar und deutlich, dass die Eingeborenen dieser Insel (ohne die der anderen auszuschliessen)... freundlich und unverdorben waren. Sie hatten weder Riten, Zeremonien, Gebete oder Opfer für fiktive

Götter, noch Umgang oder Unterhaltung mit Dämonen, wie andere Völker... und besassen einen sehr guten Gottesbegriff».[16]

EINBALSAMIERUNGEN UND BEGRÄBNISSE

Auf den Kanarischen Inseln, ebenso wie im antiken Ägypten und in Peru, wurden die Toten einbalsamiert. Es sind noch einige Mumien im Museo Canario von Las Palmas und im Museo Arqueológico von Santa Cruz de Tenerife erhalten.

Espinosa sagt: Zur Mumifizierung wuschen sie zuerst den Toten, dann flössten sie ihm eine Mischung durch den Mund ein, die aus flüssigem Viehfett, pulverisiertem Heidekraut und Bimsstein, Kiefernrinde und anderen Kräutern bestand. So behandelten sie den Leichnam 15 Tage lang, während sie ihn gleichzeitig in der Sonne austrocknen liessen. Danach wurde er in Felle gehüllt und in der Begräbnishöhle auf ein Kiefernholzbrett gelegt. Dann nannte man den Leichnam *xaxo*.

Andere Tote wurden einfach in Höhlen begraben und im Nordwesten von Gran Canaria existierte eine Kultur, die sie in Grabhügeln beerdigte.

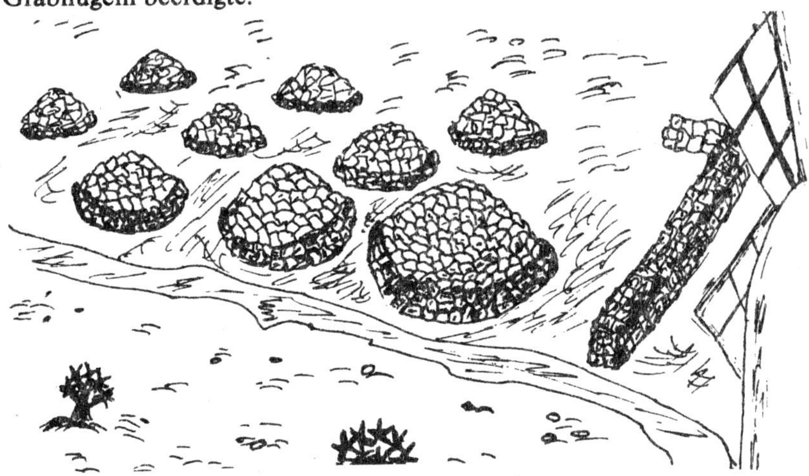

DIE GRABHÜGEL

Agaete, Gran Canaria, Art der urtümlichen Beisetzungen. Die «Cascajos», Camino de los Molinos, Gegend von «Las Nieves».

Beschreibung nach D. Sebastián Sosa Barroso. Diese Grabhügel wurden in den vierziger Jahren dieses Jahrhunderts mit Erde zugedeckt, um Bananen darauf anzupflanzen.

Wie man hat sehen können, war die Lebensweise im allgemeinen (trotz der fehlenden Kontakte der Inseln untereinander) gemeinsamen Ursprungs, auch wenn sie den besonderen Umständen jeder Insel angepasst war. Die Art sich zu kleiden, die Steinmühlen, die Sprache, die Regierungsweise und viele Bräuche waren einander ähnlich.

URSPRUNG DER GUANCHEN

Seit der Entdeckung und Eroberung des Kanarischen Archipels hat es viele Historiker und Forscher gegeben, die sich für die Herkunft der Guanchen interessiert haben.

Bis vor relativ kurzer Zeit existierten verschiedene Theorien, nach denen die Möglichkeit der Abstammung von den Wikingern, Griechen, Römern, Phöniziern, Karthagern, Ägyptern, Lybiern usw. ... bestand.

Seit der Entdeckung menschlicher Überreste (Cromagnon) im Südwesten Frankreichs im Jahre 1868 und späteren ähnlichen Funden im Nordwesten Afrikas (Marokko, Algerien und Tunesien) hat sich dies aufgeklärt. Die Art der Beisetzungen zeigt, dass die Cromagnon-Menschen Nord-Afrikas entweder von denen aus Frankreich abstammten, oder dass beide Geschwister-Völker waren.

Der kanarische Cromagnon-Mensch beerdigte seine Toten auf die gleiche Weise wie die anderen zwei erwähnten Völker.

Hiermit und im Vergleich zu der Sprache, den Sitten, den Nahrungsmitteln und physiognomischen Merkmalen der Berber kann man zu der überzeugenden Feststellung kommen, dass die Guanchen wahrhaftig aus der Berberei und dem antiken Lybien stammten, da die von ihnen gesprochene Sprache auch gewisse lybische Wurzeln hatte.

Noch weiss man nicht, wie sie auf die Kanarischen Inseln kamen. Man nimmt an, dass sie auf Grund von Meeresströmungen auf primitivsten Fahrzeugen von Afrika nach den Kanarischen Inseln gelangten.

In Hinsicht auf die Insel La Palma sagt Abreu Galindo: «... sie regierten und herrschten durch Häuptlige, wie die Afrikaner».[17] Von Gran Canaria sagt er: «... woher auch immer sie gekommen sein mögen, das Glaubwürdigste ist, dass die ersten, die auf die Inseln gelangten, aus Afrika stammten ...auch scheint mir sicher, dass sie von Afrika gekommen sind, wenn ich die vielen Worte sehe, in denen sich die Eingeborenen dieser Inseln und die der drei Völker in jenen Teilen von Afrika, die da heissen Berberei, Azanega und Arabien, gleichen. Denn Telde, die älteste Siedlung dieser kanarischen Insel, und Gomera, und Orotava auf Teneriffa sind

Namen, die man im Reich Tez und Benamarin (alles alte Länder in Nord-Afrika) findet. Und bei Kap Aguer sind Gärten, die man die Gärten von Telde nennt».[18]

Espinosa sagt über die Herkunft der Guanchen: «Von diesen Meinungen kann der Leser diejenige glauben, die ihm am passendsten erscheint. Meine ist, dass sie Afrikaner sind, und von dort herstammen, dies sowohl wegen der Nachbarschaft der Länder, als auch wegen der Ähnlichkeit in Sprache und Sitten, auch dass die einen genau so wie die anderen zählen. Dem ist noch hinzuzufügen, dass die Speisen, wie gofio, Milch, Schmalz usw. die gleichen sind».[19]

Man muss klarstellen, dass die Berberstämme keine Araber sind, sondern blond oder dunkelhaarig und von weisser Rasse. Sie liessen sich vor vielen tausend Jahren in dieser Gegend nieder und wurden vor Jahrhunderten von den Arabern unterjocht. Sie halten jedoch immer noch an ihren alten Sitten und Sprachen fest.

Im Folgenden gebe ich eine Aufstellung berberischer und guanchischer Namen, wie Sabino Berthelot sie in seinem Buche vergleicht:

Adeje: Tal, Distrikt, kleine Stadt auf Teneriffa.	*Adejad:* berberischer Stamm in Marokko.
Agulo: Dorf auf La Gomera.	*Agulu:* Kap u. Dorf von Marokko.
Taborno: Tal u. Dorf auf Teneriffa in den Bergen des Nordens.	*Tabornost:* Dorf in Marokko (30°0' u. 8°35'24 log DE)
Taso: Berg auf der Insel La Gomera.	*Tasa:* berberisches Dorf in Marokko.
Teguise: Dorf auf Lanzarote.	*Teghasah:* Dorf in Marokko.
Temesen: Eine trockene Ebene u. Dorf auf Fuerteventura.	*Themsna:* Trockene u. wüste Gegend (ghadan. Dialekt).
Telde: Dorf auf Gran Canaria in einer sehr fruchtbaren Gegend.	*Tedlah:* Provinz Marokkos, in einer reichen Landschaft.

WÖRTERWERZEICHNIS

Ahemon: Wasser (L.H.).	*Amon:* Wasser, (in Shilah).
Aho: Milch (L. C.)	*Agcho, Agbo:* Milch (in Shilah).
Almogaren: Heiliges Haus (G.C.)	*Talmogaren:* Tempel.
Cariana: Korb (G.C.)	*Carian:* Korb.
Benahoare: Name der Insel La Palma	*Beni Haourab:* Berber. Stamm.
Gomera: Name der Insel.	*Ghomerah:* Berber. Stamm.
Taginaste: ein Baum oder Busch (C)	*Taginost:* ein Palmenzweig (shil.)
Tahuyen: Matte (G).	*Tahuyot:* Abdeckung o. Umhang (shill).
Temasen: Gerste (L).	*Tomzen:* Gerste (shilah).
Tigot: Himmel (P).	*Tigot:* Himmel (shil.).
Tigotan: die Himmel (P).	*Tigotan:* die Himmel (shil.).

Andere Worte von *Ritter*, zusammen mit solchen von *Glas, Jackson* und *Vater:*

Tagoror: Ratsplatz (T).	*Tagarer:* Platz der Qual (berber.).
Ahorem: Gerstenmehl (T).	*Ahorem:* Gerstenmehl (berber.).
Azamotan: Geknetetes Gerstenmehl (L).	*Azamitan:* dito (berber.).
Tibaxa: Hammel (C).	*Thikhsi:* Hammel (berber.)[20]

Es existieren viele Parallelen zwischen den lybisch-berberischen Völkern und den Guanchen, denn noch immer gibt es Berber, die ein dem der kanarischen Ureinwohner ähnliches Leben führen. Der Norden Afrikas bietet in der Gegenwart reichliche Muster dieser

Lebensweise, so dass es nicht notwendig ist, sich in praehistorische Zeiten zurückzuversetzen, um die Lebensform der Guanchen mit der sogenannten Nordafrikanischen Höhlenkultur zu vergleichen... Die vorhandenen Einrichtungsgegenstände in dieser Art Wohnungen sind extrem armselig und haben engste Beziehungen zur Ernährung: die Mühle, einige Teller und Kochkessel für das Essen».[21].

ZWEITER TEIL

DIE EROBERUNG DER KANARISCHEN INSELN

DIE EROBERUNG VON LANZAROTE

Bis zum Jahre 1402 hat man von den Kanarischen Inseln (ausser einigen Überfällen und Forschungsexpeditionen, in denen einige Eingeborene gefangen genommen wurden) keine besondere Kenntnis genommen.

Zu dieser Zeit gelangte ein normannischer Baron, Juan de Bethencourt, begleitet von seinem Stellvertreter Gadifer de la Salle, den Kaplänen Juan de Verrier und Pedro Bautier und einer kleinen Anzahl Soldaten zusammen mit den vor Jahren gefangen genommenen einheimischen Dolmetschern Isabel und Fernando, nach Lanzarote.

Bei ihrer Landung versteckten sich die Einheimischen in den Bergen. Diese Insel nannte man *«Titeroygatra»*[23] und sie regierte ein einziger König namens Guadarfía.

Nachdem die Europäer an Land gegangen waren, näherten sich ihnen die Einheimischen mit Zeichen ihres Respektes und der Bewunderung. Sie sprachen von Freundschaft. In Anbetracht der Plünderungen, unter denen seine Insel in den letzten Jahren gelitten hatte, erteilte der König ihnen die Erlaubnis auf der Insel zu verbleiben und eine Burg darauf zu bauen und stellte dafür Juan de Bethencourt alle seine Leute zur Verfügung. Man kann sagen, dass es von Seiten Guadarfías ein Freundschafts-Angebot war.

Nachdem sie sich auf Lanzarote eingerichtet hatten, unternahmen sie eine Aufklärungsfahrt nach Fuerteventura, während Bethencourt nach Spanien reiste, um Nachschub für die Eroberung zu suchen, da er im Dienst der Spanischen Krone stand.

In seiner Abwesenheit geschahen schwere Zwischenfälle. Als Gadifer sich auf der Insel Lobos befand und Seelöwen jagte, erhob sich ein Aufstand, der von Bertín Berneval angeführt wurde. Dieser hatte einige Einheimische zum Verkauf als Sklaven gefangen genommen und war in einem Schiff nach Spanien entflohen. Gadifer war ohne Schiff zurück gelassen worden und starb fast vor Durst. Aufgrund dieses Geschehens erhoben sich die Einwohner von Lanzarote und töteten einige der Europäer, deren Rest sich in die Festung zurück ziehen konnte.

Gadifer wollte den Tod seiner Leute rächen und nahm den Vorschlag des Eingeborenen Atchen an, der ihm sagen wollte, wo sich der König befand. Diesen wollten sie gefangen nehmen und Atchen hoffte dadurch an die Macht zu kommen. So taten sie es, die Gefangenen wurden freigelassen und der König eingesperrt. Dann aber griff Atchen die Europäer an, doch Guadarfía gelang es aus seiner Haft zu entfliehen und er liess Atchen lebendig verbrennen. Diesem Ereignis folgten heftige und schwere Kämpfe. Gadifer dachte daran mit Ausnahme der Kinder und der Frauen alle Eingeborenen zu töten, aber die Kapläne verhinderten dies, indem sie sich beeilten sie die Religion zu lehren und sie zu taufen, auch wenn sie zu Sklaven erniedrigt wurden.[24] So blieb die Insel unterworfen und hatte bei der Ankunft Bethencourts nur noch ungefähr 300 Krieger.[25] Guadarfía ergab sich freiwillig mit einigen Männern, die ihm gehorchten und nachdem er die Taufe erhalten hatte, gaben sie ihm wie auch anderen Einheimischen die Freiheit und etwas Land.

DIE EROBERUNG VON FUERTEVENTURA

Als Bethencourt 1404 mit neuem Nachschub zurückkam, nahm er sich vor, diese Insel, auf der sie die Festungen von Rico Roque und Valtarajal hatten bauen lassen, zu erobern.

Fuerteventura war in zwei Königreiche aufgeteilt: Das von Maxorata und das von Gandía, die von Guize beziegungsweise von Ayoze regiert wurden. Es kam zu verschiedenen Zusammenstössen, bei denen viele Eingeborene starben. Die Gefangenen schickte man nach Lanzarote.

Guadarfía half mit seinen Landsleuten bei der Eroberung von Fuerteventura.

Der Widerstand der in die Berge geflüchteten Einwohner setzte sich fort. Als sie aber dessen Nutzlosigkeit erkannten, beschlossen sie sich zu ergeben.

Im Januar 1405 entschloss sich Guize zusammen mit 40 seiner Landsleute die Taufe anzunehmen. Am folgenden Tag folgte ihm Ayoze und darauf folgten die meisten Einwohner diesem Beispiel. Die beiden Könige blieben auf der Insel wohnen und es wurden Ländereien an sie zurück gegeben.

DIE EROBERUNG VON EL HIERRO

Diese Insel wurde von dem König Armiche regiert. Als Bethencourt ankam, bediente er sich des Dolmetschers Augeron, der der Bruder des Königs war und den sie die Jahre zuvor gefangen genommen hatten. Bethencourt versprach ihm, dass er über Frieden verhandeln würde. Doch als der König sich vorstellte, nahm er ihn gefangen und man kam überein den Boden und die Sklaven unter 120 Ansiedler, die das Land zu bearbeiten verstanden, zu verteilen.[26]

DIE TEILEROBERUNG VON LA GOMERA

La Gomera war in vier Bezirke aufgeteilt: Agana, Hipalán, Malagua und Orone, die von Alguabozegue, Alhagal, Aberbequeye und Masege regiert wurden.[27]

Die ersten Beiden unterwarfen sich Juan de Bethencourt, aber die anderen Beiden leisteten solch einen Widerstand, dass weder Juan de Bethencourt noch sein Neffe Maciot sie erobern konnten.

Die Gomeros waren so tapfer und schwierig, dass sie erst nach ungefähr 80 Jahren auf friedliche Weise unterworfen werden konnten. Daher weiss man nicht genau, wer sie eroberte, den dies geschah eigentlich nie.

Bethencourt machte auf El Hierro das Gegenteil von dem, was er auf Lanzarote und Fuerteventura getan hatte. Nachdem er diese Inseln und La Gomera zur Hälfte unterworfen hatte, beschloss er nach Frankreich zu gehen und hinterliess seinen Neffen Maciot de Bethencourt mit weitreichenden Vollmachten.

DIE VERWALTUNG VON M. DE BETHENCOURT UND VERKÄUFE UND ABTRETUNGEN DER KANARISCHEN INSELN

Die Regierung von Maciot de Bethencourt war im Prinzip annehmbar, doch bald ergaben sich Probleme durch einen Aufstand der Sklaven von El Hierro. Nun wurde sein Verhalten sehr tyrannisch. Er organisierte die Gefangennahme der Einheimischen auf Gran Canaria, um sie als Sklaven zu verkaufen. Auf die Ratschläge des Bischofs von Rubicon, der ihn vor der Krone von Kastilien anzeigen musste, hörte er nicht. Aufgrund dieser Anzeige übergab D. Enrique de Guzmán, Graf von Niebla, auf Befehl der

Krone im Jahre 1430 den Besitz der Inseln an Guillén de las Casas. Fünf Jahre später übernahm Fernán Peraza durch Erbschaft den Besitz.

Auf Betreiben Juan de Bethencourts besetzten die Portugiesen Lanzarote und wurden zwei Jahre danach wieder von den Eingeborenen der Insel vertrieben.

Auf Fernán Peraza folgte der Ehemann der Inés Peraza, Diego Herrera. Dieser verteilte den herrschaftlichen Besitz unter seine Kinder. Fernán Peraza «der Junge» erbte La Gomera und El Hierro, und Sancho de Herrera erbte zusammen mit María de Ayala und mit Constanza de Sarmiento Lanzarote und Fuerteventura.

DIE EROBERUNG VON GRAN CANARIA

Auf Befehl der Katholischen Könige begann ab 1472 die Eroberung der Inseln auf eine andere Weise als zuvor. Es waren noch drei sehr zu fürchtende Inseln zu erobern. Gran Canaria wurde als erste angegriffen. Diese Insel war eine von denen, die den Eroberern am meisten Widerstand leistete. Seit einigen Jahren versuchten sie die Insel zu erobern, doch die Kanarier waren in den Kämpfen immer die Sieger.

Bei der Ankunft von Juan Rejón im Jahre 1478 wurde die Insel von zwei Königen oder *guanartemes* regiert: Der guanarteme von Gáldar hiess Thenesor Semidan und der von Telde Doramas. Beide guanartemes beschlossen sich zu vereinigen, um das spanische Lager in Las Palmas (das inzwischen ausgebaut und verstärkt worden war) anzugreifen. «Es waren zusammen mehr als 2.000 Kanarier, die nach ihrer Weise sehr gut bewaffnet waren».[28] Unter den Mutigsten waren Doramas, Adargama und Maninidra. Juan Rejón hatte einen Boten gesandt, um den Kanariern zu sagen, dass sie (die Eroberer) von den Katholischen Königen gesandt worden wären, um sie zum christlichen Glauben zu bekehren. Dafür würden sie deren Schutz erhalten. Sie würden aber bis zum Tode verfolgt und zu Sklaven gemacht, wenn sie nicht gehorchen würden. Die Kanarier antworteten, «dass sie an einem anderen Tage ihnen ihre Antwort geben würden».[29]

Am folgenden Tage bei Sonnenaufgang beschloss Doramas anzugreifen. In dieser Schlacht, die man «Guiniguada» nannte, kamen nach A. Galindo 300 und nach Gómez Escudero 30 Kanarier ums Leben.[30] Adargoma wurde verwundet und gefangen genommen.

Während die Monate verstrichen, befestigten die Spanier das Lager, aber infolge der schwierigen Lage, in der sie sich befanden, kamen Uneinigkeiten unter ihnen auf. Der Dechant Bermudez gab den Katholischen Königen hiervon Nachricht. Deshalb wurde Juan Rejón seines Dienstes enthoben und nach Spanien zurück geschickt, als der neue Gouverneur Pedro de Algaba und der Bischof Frías auf Gran Canaria ankamen.

Während der Herrschaft des Statthalters Algaba beschloss man einen Einfall nach Tirajana zu machen. Dieses geschah am 24. August 1479.

Die Einheimischen bemerkten die Landung an der Küste und versteckten sich in den Bergen. Die Spanier drangen in das Tal ein ohne die Gefahr wahrzunehmen. Als sie sich auf dem Rückweg befanden wurden sie unerwarteterweise angegriffen, wobei 26 Christen starben und es mehr als einhundert Verwundete gab. Da auch einige gefangen genommen wurden, betrugen die Verluste insgesamt 80 Mann.[31]

Juan Rejón kehrte auf die Insel zurück und enthauptete Pedro de Algaba. Aufgrund der Rachehandlungen und der Gewalttätigkeiten von Rejón schickten die Katholischen Könige im Jahre 1480 Pedro de Vera als Statthalter mit einigen Männern und Pferden auf die Insel. Wenige Tage nach seiner Ankunft nahm er Rejón gefangen und schickte ihn zurück auf das Festland.

DER TOD DORAMAS

Vera beschloss das Reich Gáldar zu erobern. Bei seiner Ankunft stiess er auf den mutigen Doramas. Es begann ein harter Kampf und Vera, der daran glaubte, dass er den Kampf gewinnen würde, wenn er Doramas vernichtete, drang mit einer Schar auf ihn ein. Nachdem Doramas einem Spanier den Schädel eingeschlagen hatte und gegen einige andere kämpfte, wurde er von Pedro de Vera mit einer Lanze auf der linken Körperseite und von Diego de Hozes im Rücken verletzt. Danach hatte Doramas noch die Kraft Hozes ein Bein zu brechen. In diesem Augenblick traf Pedro de Vera ihn in der Brust und Doramas starb, denjenigen, der ihn im Rücken verletzt hatte, «Verräter» nennend.[32]

Als die Kanarier ihren Anführer verloren hatten, zogen sie sich in die Berge zurück. Andere blieben um ihn zu begraben.

DER ZWEITE ANGRIFF AUF TIRAJANA

Pedro de Vera vereinbarte mit seinen Leuten, mit Hilfe der gefangen genommenen oder unterworfenen Kanarier in Agaete eine Festung zu bauen. Als sie fertig war unterstellte er sie und 30 Männer dem Befehl von Alonso de Lugo.[33]

Die Spanier griffen Tirajana noch einmal an. Die Kanarier, die sich in den Bergen befestigt hatten, töteten 25 Spanier und verwundeten viele von ihnen. Nachdem die Spanier ein wenig vorgedrungen waren zogen sie sich in das Feldlager von Las Palmas zurück, wo sie von den Kanariern, die vor allem durch den kühnen *Bentagay* angeführt wurden, einige Angriffe erlitten. Dieser kam eines Tages in das Feld-Lager und sagte, er wolle Christ werden. Aber nachdem er sich die ganze Festung angesehen hatte, ging er davon um des nachts wieder zu kommen, um Wachen und Pferde zu töten und um soviel Schaden anzurichten, wie er nur konnte.[34]

DIE UNTERWERFUNG DES KÖNIGS VON GALDAR

Mit Hilfe von Fernán Peraza führte Pedro de Vera die Eroberung fort. Er überraschte den guanarteme *Thenesor Semidan* und andere fünfzehn, darunter den mutigen Maninidra, die sich in einer Höhle befanden. Sie ergaben sich mit ihren Familien und wurden vor den Spanischen Hof gebracht, wo der guanarteme auf den Namen Fernando getauft wurde. Sie wurden dann auf die Insel zurück geschafft, um diejenigen, die noch Widerstand leisteten, durch ihre Ratschläge zu überzeugen, sich zu ergeben. Fernando Guanarteme aber gelang dies nicht, denn sie sahen, wie schlecht es denjenigen erging, die sich zum Christentum hatten bekehren lassen, und zogen es vor weiterzukämpfen.

Pedro de Vera versuchte in eines der Gebirge, wo sich viele Frauen und Kinder ohne die Männer verbargen, einzudringen. Nach fünfzehn Tagen Kampf, ohne sie bezwingen zu können und nachdem acht Soldaten ihr Leben verloren hatten, gab er aufgrund der vielen Steine, die auf sie hinabgeworfen wurden, den Kampf auf.

DIE LETZTEN WIDERSTÄNDE

Die Kanarier waren in eine Höhen-Festung geflüchtet, wo sie stärker waren, doch die Spanier konnten hinaufgelangen und einige töten und mit Hilfe des Fernando Guanarteme viele gefangen nehmen. Danach rückten sie vor die Festung *Ajodar* und der Hauptman Miguel de Moxica, der sich für das, was er in anderen Festungen erlitten hatte, rächen wollte, versuchte mit seinen Männern hinauf zu steigen. Er und die Mehrheit seiner Männer verloren dabei das Leben. Abreu Galindo sagt: «... wenn Pedro de Vega nicht zur Hilfe herbei geeilt wäre und wenn Don Fernando de Gáldar, vor dem die Kanarier Respekt hatten, nicht gekommen wäre, dann hätten alle ihr Leben verloren, denn zur Verstärkung eilte eine Truppe von 300 Kanariern herbei».[36]

Pedro de Vera zog sich zur Erholung in das Feld-Lager von Las Palmas zurück und, nachdem er weitere Männer auf den Inseln Lanzarote, Fuerteventura und La Gomera angeworben hatte, fasste er den Entschluss, die Eroberung zu beenden.

«ANSITE», DER LETZTE ZUFLUCHTSORT

Dies war der letzte Zufluchtsort zwischen Tirajana und Gáldar und als Don Fernando Guanarteme sah, dass sich seine Leute mit Frauen und Kindern dort verborgen hatten, begab er sich dahin, um sie zu bitten sich zu ergeben und sich der Frauen und Kinder, die sterben würden, zu erbarmen. Hier legten unter viel Geschrei und Klagen die Tapferen ihre Waffen nieder und folgten dem Rat ihres ehemaligen Königs, dem sie vertrauten. Der Anführer Bentejui und der Faicán umarmten sich und stürzten sich mit dem Ruf *«Atistirma»* in eine Schlucht. Diesem Beispiel folgten auch noch zwei Frauen.[37].

DIE EROBERUNG VON LA PALMA

La Palma und Teneriffa mussten noch erobert werden. Dies wollte Alonso Fernández de Lugo übernehmen, der an der Eroberung von Gran Canaria teilgenommen hatte und sich danach auf das Festland begeben hatte, um mit neuen Leuten und Geld zurückzukehren. Als er auf Gran Canaria ankam, schlossen sich ihm andere Eroberer und eine große Anzahl Kanarier dieser Insel an.

Als die Eroberer ankamen, war die Insel in zwölf Bezirke aufgeteilt: *Aridane, Tihuya, Tamanca, Ahenguareme, Tigalate, Tedote, Tenegua, Adeyahamen, Tagaragre, Tagalguen, Hiscaguan* und *Aceró,* die von *Mayantigo, Echedey, Echentive* und *Azucuabe, Jariguo* und *Gareacua, Bentacayce, Atabara, Bediesta, Temiaba, Bediesta* (von Tagalguen), *Atogmatoma* und *Tanausú* regiert wurden.[38]

Diese Insel war schon bei verschiedenen Gelegenheiten, aber ohne Erfolg, angegriffen worden. Der bedeutendste Angriff war der von Guillén Peraza, des Sohnes von Fernán Peraza, der zusammen mit mehr als zweihundert seiner Leute ums Leben kam[39]

Lugo kam und ging am Strand von Tazacorte ans Land und die Einheimische Gasmirla la Palmense, die schon früher gefangengenommen war, diente ihm als Dolmetscherin. Mit falschen Versprechungen konnte er es erreichen, dass ihm kein Widerstand geleistet wurde. Die Bezirke von Aridane, Tihuya, Tamanca und Ahenguareme unterwarfen sich so. Als er aber nach Tigalate kam, sah er, dass die beiden Fürsten, die dort regierten, zum Kriege und nicht zur Ergebung bereit waren. Lugo besiegte sie im Kampf, indem er einige tötete und die gefangen nahm, die noch Widerstand leisteten. Andere flohen in die Berge. Die Eroberung ging ohne große Schwierigkeiten vor sich, da die Mehrheit der Einheimischen sich in die Berge zurückgezogen hatte, wo sie die Spanier vor allem mit Steinen angriffen, wenn diese in die Engpässe eindrangen. Als Lugo nach einigen Monaten in den Bezirk von *Aceró* (Caldera de Taburiente) kam, konnte er dort, wo der gefürchtete *Tanausú* herrschte, nicht eindringen. So versuchte er sein Glück anderswo und als er keine Erfolge hatte, schickte er einen schon getauften Verwandten von Tanausú hin, um ihn zu überzeugen, dass ihn gute Behandlung erwarte und dass ihm seine Ländereien gelassen würden, wenn er sich ergäbe.

Tanausú antwortete ihm, dass er mit Lugo sprechen wolle, dass aber die Christen sich aus seinem Gebiet zurück ziehen sollten. Als sich Tanausú vertrauensvoll zu dem Treffpunkt begab, hörte er nicht auf die Warnungen seines Verwandten *Ugranfir,* dass die Spanier keine Friedenszeichen trügen. So wurde er von Lugo und dessen Truppen überrascht. Nach einem schweren Kampf, in dem auf beiden Seiten einige ums Leben kamen, wurde «Tanausú gefangen genommen, wobei er sich bitterlich beschwerte, dass Alonso de Lugo sein Wort nicht gehalten habe».[40]

Fernández de Lugo schiffte Tanausú mit anderen Gefangenen von La Palma ein, um ihn nach Spanien zu schicken, doch der tapfere Führer zog es vor hungers zu sterben, nachdem er sein Land aus den Augen verloren hatte. *«Vacaguare, vacaguare»* rief Tanausú laut: «ich will sterben».

Dies war der Verrat Lugos an einem Mann, der sich unterwerfen wollte, nachdem er mit Recht um die Freiheit seiner Heimat gekämpft hatte.

DIE EROBERUNG VON TENERIFFA

Es musste noch diese gefürchtete Insel erobert werden. Dies hatten die Conquistadoren von den bereits eroberten Inseln aus oft versucht, doch hier befanden sich der mächtige Benchomo und andere Könige der Insel immer auf der Hut vor Eindringlingen.

Als Fernández de Lugo im Jahre 1494 ankam, fand er die Insel in neun menceyatos oder Königreiche aufgeteilt: *Anaga, Tegueste, Tacoronte, Taoro, Icod, Daute, Adeje, Abona* und *Güimar.* Jedes von diesen Reichen wurde von einem mencey (König) regiert und ein achimencey (Hidalgo Adeliger) regierte in Punta de Hidalgo. Die Königreiche von Anaga, Güimar, Abona und Adeje nannten sich «Friedens-Bund» da sie Jahre zuvor diesen Vertrag geschlossen und die Evangelisation begonnen hatten. Die Königreiche von Tegueste, Tacoronte und Taoro schlossen sich zusammen. Icod und Daute jedoch zogen es vor sich selbst zu verteidigen. Lugo hatte es einfacher, da er mit der Neutralität der vier Königreiche rechnen konnte, nachdem er ihnen alle möglichen Versprechungen gemacht hatte. Er brachte ungefähr 1.200 Männer, in der Mehrzahl Spanier und die anderen, Eingeborene der Inseln, mit sich. Am Strand von *Añaza* (Santa Cruz de Tenerife) ging er an Land, fand geringen Widerstand und beschloss nach Aguere (La Laguna) hinauf zu ziehen.

Benchomo kam ihm mit dreihundert Männern entgegen, um festzustellen, was die Eindringlinge wollten. Lugo bediente sich des Dolmetschers Guillén Castellano und sagte dass er käme, Freundschaft zu suchen und um sie zu bitten, sich zum Christentum zu bekehren und sich dem spanischen König zu unterwerfen. Benchomo antwortete: «Was die Freundschaft anbetrifft, so braucht kein Mann sie ablehnen oder vor ihr flüchten, denn sie wäre für beide Seiten gut und er würde diese Freundschaft gerne und guten Willens annehmen, wenn Lugo sein Land verlassen und die Einwohner in Frieden lassen wolle. Sie könnten sich auch dessen, was es in diesem Land gäbe und ihnen angenehm wäre ohne weiteres bedienen. Aber in Hinsicht auf 'Christ zu sein' wüssten sie weder was für ein Ding das Christentum wäre, noch verständen sie diese Religion. Noch weniger seien sie einverstanden mit einer Unterwerfung unter den spanischen König, da sie niemals eine andere Abhängigkeit von einem anderen Mann anerkannt hätten als von ihm».[44] Und er zog sich mit seinen Leuten zurück.

Fernández de Lugo beschloss, in das Tal, wo Benchomo herrschte, einzudringen. Er kam durch Tegueste und Tacoronte, ohne auf Widerstand zu stossen. Bei der Ankunft in La Orotava und in Taoro fand er alles in Stillschweigen. So sammelte er recht viel Vieh zusammen und befahl umzukehren. Als er in die Schlucht von Acentejo kam stiess er auf 300 Guanchen, die Benchomo unter der Führung seines Bruders *Chimenchia* (Tinguaro)[42] voraus geschickt hatte. Die Guanchen griffen sofort mit aller Gewalt an, verscheuchten das Vieh, das ihnen gestohlen worden war, und gaben den Spaniern keine Gelegenheit ihre Feuerwaffen zu benutzen. Bald kam Benchomo mit seinen restlichen Männern an. Sie jagten die Feinde in die Flucht und töteten 900 Christen. Ungefähr 300 Männer einschliesslich etwa 90 Kanarier flohen.

Alonso de Lugo wechselte seine Kleidung mit der eines

Kanariers und flüchtete. Er war am Munde schwer verletzt. Der Kanarier wurde währenddessen verfolgt und getötet. Lugo barg sich mit einigen seiner Leute in der Festung von Santa Cruz und begab sich von da auf das Meer, um Nachschub zu suchen.

Die Guanchen fanden an dreissig Männer, die sich in einer Höhle versteckt hatten und Benchomo befahl, sie nach Añaza zu schaffen.

Mit einer derart kleinen Zahl von Leuten blieb Lugo keine andere Wahl übrig, als sich zurückzuziehen.

DIE RÜCKKEHR VON LUGO UND DIE SCHLACHT VON LA LAGUNA

Fernández de Lugo kehrte mit ungefähr 700 Männern aus Spanien und mit noch mehr Eingeborenen von den anderen Inseln zurück, insgesamt eine ähnliche Anzahl wie vorher. Sobald er in Añaza (Santa Cruz) ankam, befahl er nach La Laguna zu marschieren, wo die Kanarier, die auf der Hut waren, auf sie warteten.

Benchomo und seine Verbündeten traten mit mehr als 5.000 Mann an. Es entwickelte sich eine erbitterte Schlacht, in der viele Guanchen den Tod fanden. Der tapfere Benchomo bekämpfte an diesem Tage bis zu sieben Männer gleichzeitig.

Und nachdem er sich verteidigt hatte, floh er schwer verwundet über eine Anhöhe bei San Roque, wo er von dem Hauptmann Buendía getötet wurde.

Als die Guanchen sahen, dass es nutzlos war in einem für sie so unvorteilhaften Gelände weiter zu kämpfen, zogen sie sich zurück. In dieser Schlacht fiel auch der mutige *Chimenchia.* Nun ernannten die Guanchen *Bentor,* den Sohn Benchomos, zum König.[43]

Nachdem die Spanier Benchomo getötet hatten, schickten sie den Kopf in sein Reich, damit die Eingeborenen sich ergeben sollten. Die Antwort hiess jedoch, dass «sie den Kopf dorthin bringen würden, wo der Körper geblieben war; auch, dass sie dies nicht erschüttere; dass aber doch ein jeder sich um seinen eigenen Kopf in Acht nehmen solle».[44]

Alonso de Lugo zog sich mit seinen Leuten nach Santa Cruz zurück und blieb dort einige Monate ohne ein neues Abenteuer zu versuchen und die Soldaten wollten in anbetracht der grossen Missgeschicke, die ihnen passiert waren, die Eroberung aufgeben.

DIE ZWEITE SCHLACHT VON ACENTEJO

Man berichtet, dass durch die Toten der Schlacht von La Laguna eine Seuche in jener Gegend ausbrach, und deshalb wohl hätten sich die Spanier entschlossen, nicht in das Tal von Taoro vorzudringen. Doch besteht kein Zweifel daran, dass die Spanier nach der so grossen Niederlage von Acentejo sich fürchteten, in jene Gebiete zu ziehen, wo die Guanchen stark waren und auf sie warteten.

Eine Zeitlang machten sie nur einige Einfälle in die Königreiche von Tegueste und Tacoronte. Schliesslich beschloss Lugo, in das Tal, in dem sich die Könige des Nordens auf diese grosse Schlacht vorbereiteten, vorzudringen. Die Soldaten nahmen von einander Abschied, weil Lugo sich entschlossen hatte entweder zu siegen oder zu sterben. Der ausgewählte Ort befand sich sehr nahe des vorigen bei Acentejo. Lugo teilte seine Truppen in zwei Gruppen auf. Er führte die eine und Lope Hernández de la Guerra die andere. Die Schlacht begann, und die Spanier behaupteten sich durch ihre schon vorher vorbereiteten Feuerwaffen. Nach einigen Stunden des Kampfes bemerkten die Spanier, dass sie anfingen zu siegen und riefen «Viktoria!» (Sieg!). Die Guanchen, die nicht gefangen genommen wurden, flohen in die Berge, doch schreibt *Espinosa,* dass viele Tote zurückblieben.

Diese Schlacht fand am 25. Dezember 1495 statt. Hier entschied sich vollends das Kriegsglück. Von diesem Tage an gab es nur noch kleinere Widerstände und die Mehrheit der Kriegstruppen der Guanchen zog in die Berge.

Der König Bentor, der sich in die Höhen seines Reiches zurückgezogen hatte, stürzte sich, als er seine Hoffnungen verloren sah, in rituellem Selbstmord von einer Klippe bei Tigaiga in eine Schlucht.

Die Eroberung der Kanarischen Inseln dauerte 94 Jahre. Sie begann im Jahre 1402 und endete im Jahre 1496. Auch die Spanier bewunderten diese Männer, die so wild um die Freiheit ihrer Heimat kämpften, von denen einige lieber sterben wollten als sich als Sklaven zu sehen. Auch ihre Grosszügigkeit, und dass sie ihren Feinden nach der Gefangennahme vergaben, fanden sie bemerkenswert.

Espinosa sagt in Hinsicht auf die Eroberung (conquista): «... der Krieg, den die Spanier gegen die Eingeborenen dieser Inseln führten... war ungerecht und ohne jeden Grund, denn weder besassen sie Ländereien der Christen, noch überschritten sie ihre Grenzen und Bereiche um Fremde zu überfallen oder zu belästigen. Aber wenn man erwähnt, dass sie ihnen das Evangelium brachten, so hätte dies durch Predigen und nicht mit Trommel und Fahne geschehen müssen».[45]

DRITTER TEIL

DIE KOLONISATION UND DAS ÜBERLEBEN DER GUANCHEN

ANALYSE DER EROBERUNG

Es existieren keine genauen Angaben über die Zahl der Eingeborenen der Kanarischen Inseln. Man weiss nur Annäherndes über die einzelnen Inseln, aber nicht im Ganzen anzugeben.

Wenn die Insel Lanzarote z. B. zur Zeit der Ankunft von Bethencourt an die 300 Krieger hatte, dann ist anzunehmen, dass sie nur wenige Bewohner hatte, vielleicht nicht mehr als tausend. Fuerteventura hatte viel mehr Einwohner als Lanzarote, doch auch hier gibt es keine zuverlässigen Angaben. Und auch wenn man glaubt, dass die Anzahl der Einwohner von El Hierro nicht gross war, so weiss man doch nicht, wie viele es waren.

Es gab wenig Todesopfer auf grund der Eroberung und die Eingeborenen passten sich auch bald an die neue Gesellschaft an. Wie man sah, war La Gomera schwer zu unterwerfen und trotz der vielen Gefangenen und Toten, die es dabei gab, überwogen weiterhin in der Bevölkerung die Ureinwohner.

Auf Gran Canaria, La Palma und Teneriffa hatte man mehr Verluste erlitten, da die Bevölkerung dieser Inseln weitaus grösser war als die der anderen Inseln.

Zur Zeit der Eroberung konnte Gran Canaria zwischen zwanzig- und dreissigtausend Einwohner besessen haben, wenn man bedenkt, dass diese Insel einige tausend Krieger hatte.

Eine fruchtbare Insel wie La Palma konnte sehr wohl sechs–bis achttausend Einwohner haben oder auch mehr, denn einige Bezirke hatten eine grosse Zahl von Männern.

Teneriffa muss auf jeden Fall an die 30.000 Einwohner gehabt haben, wenn schon allein Benchomo über 5.000 Männer verfügte. Es ist anzunehmen, dass im übrigen Teil der Insel noch einige Tausende lebten, besonders in Güimar. Kennt man diese Zahl von Kriegern, dann ist es absurd zu glauben, dass die Einwohnerzahl weniger betrug...

Insgesamt zählte der Archipel etwa 70.000 oder vielleicht noch etwas mehr Einwohner.

Zählt man die Todesopfer der Kämpfe zusammen, dann kann man feststellen, dass es, mit Ausnahme einiger Schlachten, nicht übermässig viele waren.

Den Berichten der Chronisten nach starben in den verschiedenen Schlachten auf Gran Canaria: 300 oder 30 Kanarier in der Schlacht von Guiniguada, je nachdem, ob man Galindo oder Gómez Escuderos folgt,in der Schlacht, in der Doramas den Tod fand, gab es nicht viel Tote, da er gleich zu Anfang des Kampfes ums Leben kam. Auch in den folgenden Kämpfen gab es nur wenig Tote, da sie sich dem, der ihr König gewesen war, ergaben.

Auf Teneriffa fanden vor allem zwei Schlachten statt, bei denen die Anzahl der Toten beträchtlich war: Die von La Laguna und die von Acentejo. Vielleicht waren es auch nicht so viel Tote, wie die Chronisten behaupten, denn sie übertrieben sehr, vermutlich, weil sie die Anzahl der spanischen Toten bei der ersten Schlacht von Acentejo übertreiben wollten.

Da es auf La Palma keine grossen Kämpfe gab, war dort die Zahl der Todesopfer gering.

Auf jeden Fall war die Zahl der Gefallenen nicht so hoch, wie manche es sich vorstellen. Die Mehrheit der Krieger wurde zu Gefangenen gemacht, floh in die Berge oder ergab sich. Andere aber zogen den Tod vor, indem sie sich von hohen Klippen herabstürzten oder aus eigenem Willen aus Hunger starben, dies war aber nur eine Minderheit.

DIE LAGE DER GUANCHEN NACH DER EROBERUNG

«Als im Jahre 1402 die Eroberung durch Juan de Bethencourt begann, änderte sich die Lage, da es unmöglich war, die gesamte Einwohnerschaft der Inseln Lanzarote und Fuerteventura zu Sklaven zu machen. Gegen 1423 war der grösste Teil der Ureinwohner von Lanzarote, Fuerteventura und El Hierro zum Christentum bekehrt worden».[46]

Die Lage der Ureinwohner war abhängig von ihrem Verhalten zum Zeitpunkt der Eroberung. «Man muss jedoch einen wesentlichen Unterschied zwischen den Eroberungen von Gran Canaria (G.C.), La Palma und von Teneriffa machen. Auf jener Insel (G.C.) sah man die Freiheit im Zusammenhang mit der persönlichen Einstellung, die der Eingeborene dazu hatte. Man respektierte die Friedensverträge und die, die sich friedfertig unterwarfen und sich damit einer gewissen Sicherheit unterstellten. Auf La Palma und auf Teneriffa aber wertete man die Freiheit einer geographisch begrenzten Zone (nämlich der Heimat). Die Bewohner der als «Friedensbund» bekannten Gebiete sollten frei sein. Alle anderen Eingeborenen wurden zu Sklaven des «Guten Krieges» gemacht, unabhängig von ihrem Verhalten zur Zeit des Kampfes und des Widerstandes».[47]

Trotzdem aber respektierte Lugo weder diejenigen, die ihm Hilfe leisteten noch diejenigen, die neutral blieben und nahm über tausend Eingeborene gefangen, auch wenn sie zu den Gebieten des Friedensbundes gehörten. Hiervon hielt sich Lugo an die 300 auf Teneriffa und eine andere grössere Guanchengruppe, die er im geheimen auf seinen Besitzungen bei Sanlúcar de Barrameda bei Don Juan de Guzmán, dem Herzog von Medina-Sidonia, festhielt.[48]

Als die Katholischen Könige durch Rodrigo de Betanzos hiervon Kenntnis erhielten, erging der Befehl, diese Guanchen, die Christen waren, zu befreien. Auf Teneriffa ging dieses schnell vonstatten, aber auf dem Festland geschah dies nur nach einer langwierigen Nachforschung.[49]

Den Eingeborenen fiel es nicht leicht, sich dem Stadtleben anzupassen und es bestand unter ihnen ein grosses Solidaritätsgefühl. Einzelne stahlen ihren Herren das Vieh und gaben es den freien Guanchen. Mit Wirkung vom Jahr 1500 ab verfügte das Cabildo von Teneriffa, dass «... alle Guanchen und Guanchenfrauen nicht eher frei sein könnten, bevor sie nicht ihren Herren sechzehn Jahre lang gedient hatten...».[50]

Die Bestrafungen waren in manchen Fällen sehr hart. «Der Sklave, der von heute an zu fliehen versuchen sollte, wird deswegen getötet und die Gerichtskosten sollen von seinem Herrn getragen werden. Sollte es sich um eine Frau handeln, so soll sie 100 Peitschenhiebe erhalten und ausser Landes verwiesen werden».[51] Im Jahre 1504 machte man bekannt, dass alle freien Guanchen «... gegen Sold arbeiten sollten ... sowie dass sie von dort, wohin sie sich geflüchtet hätten, hervor kommen sollten und täten sie das nicht, so würden sie für eine bestimmte Zeit gefangengesetzt, und zwar zur Hälfte für diejenigen, die sie verbargen, und zur anderen Hälfte für diese Guanchen selber».[52] Eine andere Massnahme, die das Cabildo beschloss, war, in einer Zeit von vier Monaten die Guanchen-Hirten durch kastilische Hirten zu ersetzen, «... weil die Guanchen-Hirten Räuber sind und die ganze Insel berauben und das Vieh vernichten, worüber sich das ganze Volk beschwert. Doch bislang hat man sich nicht der kastilischen Hirten bedienen können, weil keine vorhanden waren...».[53] Diese Massnahmen konnte man jedoch nie in die Tat umsetzen und alles verlief weiter ohne Änderungen. So hob das Cabildo im Jahre 1507 sogar das Verbot auf, das den Guanchen-Sklaven verbot, sich ausserhalb der Ländereien ihrer Herren aufzuhalten.

Eine der ersten Massnahmen, die die Einwanderer trafen, war die

Umsiedelung der Eingeborenen von einer Insel auf eine andere. Sie waren leichter zu unterwerfen, wenn sie ausserhalb ihrer Geburtsinsel waren. Andere Eingeborene wurden auch auf andere Inseln als Freie oder als Verbannte geschickt.

Auf Teneriffa gab es eine ganze Gruppe Kanarier, die man zur Eroberung der Insel heran geschafft hatte und die nun versuchten, auf ihre Insel zurückzukehren.

«Die Kanarier, die sich auf Teneriffa niedergelassen hatten, bildeten nach der Friedensschliessung eine geachtete und einflussreiche Minderheit, die stets den Kastiliern als gleichberechtigt behandelt wurden».[54]

Es verblieben auch von La Gomera und von La Palma herstammende Gruppen auf Teneriffa. Das gleiche geschah auf Gran Canaria mit Gomeros und einer ansehnlichen Gruppe von Teneriffa in Arquineguín.[55] Die Anzahl der einheimischen Sklaven auf den Inseln war gross, doch es lebten auch viele als Sklaven oder als Verbannte in Sevilla und an anderen Orten im Südosten von Spanien.

Um sie in Sevilla zum Christentum zu bekehren und auch, um sie loszuwerden, verbannte Pedro de Vera sogar Frauen und Kinder von Gran Canaria. Doch Fernando Guanarteme setzte sich im Jahre 1485 für seine ehemaligen Untertanen bei Hofe ein und die Katholischen Könige begannen Massnahmen zu treffen, «... um diesem Zustand abzuhelfen, und auch, damit sie sich nicht weiter zusammenrotten könnten. Es wurde Juan Guillén, der Oberbürgermeister von Sevilla, damit beauftragt, sich auf private Weise um die Kanarier zu kümmern und sie vor allem Leid zu schützen, auch sie zu verpflichten sich Herren zu suchen, um denen zu dienen, Ehemänner zusammen mit ihren Ehefrauen. Die, die nicht verheiratet waren, sollten von den Frauen getrennt werden... 'wegen des Ansehens der Kirche' ...diejenigen, die Schaden anrichteten, sollten vorsichtig bestraft werden, solange sie noch nicht die christliche Lehre und Sitten angenommen hätten...».[56]

Andere verblieben auf der Insel und es ist anzunehmen, dass sie wegen der grossen Anzahl der Eingeborenen von den wenigen Einwanderern nicht schnell kontrolliert werden konnte.

«Der Bischof don Juan de Frías und der Gouverneur Pedro de Vera verteilten die kanarischen Jungen und Mädchen unter den Bürgern, um sie im Glauben zu unterrichten und ihnen die christliche Lehre beizubringen. Die Verheirateten, die mit ihrer Frau zusammen lebten, bekamen Kanarierinnen und die Ledigen bekamen kanarische Knaben, damit sie diese halten und unterrichten konnten»[57].

Zusammenfassend kann man sagen, dass trotz aller Ungeheuerlichkeiten und Ungerechtigkeiten, die von den

Einwanderern begangen wurden, es viele Tausende von Eingeborenen, Sklaven und Freie, gab, die an der Bildung der neuen wirtschaftlichen und sozialen Gesellschaft teilnahmen.

DIE KOLONISATION UND DIE AUFTEILUNG DES LANDES

Wie bereits erwähnt war die Lage der durch Juan de Bethencourt zuerst eroberten Inseln verschieden von der von La Palma, Teneriffa und Gran Canaria.

Man weiss nur von den Eroberern und Ansiedlern, die die Inseln bevölkerten und von einigen Eingeborenen, die bei der Verteilung von Land und Wasser Glück hatten. Leider weiss man nur wenig von den grossen Mengen von Sklaven, die die Ansiedler auf ihren grossen Ländereien hatten. Dies hat den Eindruck erweckt, dass die Eingeborenen in der grossen Mehrzahl verschwanden und dass die einzigen Einwohner der Kanarischen Inseln die Ansiedler und einige Einheimische, die zurück geblieben waren, darstellten. Doch merkwürdigerweise bedeuteten den Ansiedlern die Eingeborenen wenig, da sie meinten, dass jene «Untreuen» mit wenigen Ausnahmen zu wenig Menschenart besassen, um beachtet zu werden.

Die Zahl der Ansiedler war übrigens nicht so gross, wie einige es sich vorstellten. Zur Eroberung von Gran Canaria kamen anfangs 600 Männer. Später kamen weitere 200 vom Baskenland und zum Schluss kam noch ein Nachschub von 200 Männern[58]. Von ihnen verloren viele ihr Leben, vor allem in der Festung *Ajodar*,[59] wo die meisten aus dem Baskenland starben. Zählt man insgesamt 1000 Männer, dann blieben etwas mehr als 700 am Leben, von denen die Mehrheit von Lugo auf das Festland zurück geschickt wurde.[60] Später kamen noch einige wenige Ansiedler dazu und liessen sich auf der Insel nieder, um sich an der Ausbeutung der Reichtümer zu beteiligen. Bei den ersten Landzuteilungen gab man ungefähr 30 Ansiedlern, einschliesslich des Gouverneurs Pedro de Vera, grosse Ländereien mit Wasserrechten, wie man es aus den Landvergabe-Akten (datas) dieser Insel sehen kann.[61] Später gab es noch weitere Landzuteilungen, doch kann man annehmen, dass die Anzahl der Ansiedler viel geringer war als die der freien oder versklavten Guanchen.

Auf Teneriffa geschah etwas ähnliches. Fernández de Lugo brachte an die 700 Männer aus Spanien und auch einige Ansiedler von den schon eroberten Inseln mit, abgesehen von den Eingeborenen der anderen Inseln, die noch mal so viele waren. Diesmal blieb die Mehrheit am Leben, doch muss es auch noch viele Todesfälle gegeben haben. «Doch jetzt, nachdem er die Insel beruhigt hatte, kehrte die Mehrzahl der Soldaten nach Kastilien in ihre Heimat zurück. Den Leuten, die bleiben wollten, gab man das Bürgerrecht und einen Anteil des Landes».[62] Das Land wurde unter den Ansiedlern und den Familienangehörigen von den anderen Inseln und auch unter den Eingeborenen, die zur Eroberung gekommen waren, gleichmässig verteilt. Diese wenige hundert Eroberer waren die gleichen, wie die von La Palma und so verblieb der grösste und beste Teil des Landes unter ihnen.

Die Landvergabe-Akten (datas) von Teneriffa bestätigen, dass die Ansiedler nicht zahlreich waren. Man begann 1497 mit der Zuteilung der Besitztümer und in zwanzig Jahren kam es auf nicht mehr als etwa 1900 Zuteilungen, einschliesslich der von La Palma. Auch gab es Ansiedler, die eine ganze Anzahl Zuteilungen an verschiedenen Orten erhielten. In die fast 1900 Zuteilungen muss man viele Eingeborene einrechnen, die an der Eroberung teilgenommen hatten und andere auf Teneriffa, die von ihren Herren, denen sie gedient hatten, einige Besitztümer erhielten.

Wenn sowohl auf Gran Canaria wie auf Teneriffa die Mehrzahl der Eroberer, die hergebracht worden waren, wieder auf das Festland geschickt wurden, dann heisst dies, dass ungefähr 300 auf jeder Insel zurückblieben. Wenn die Mehrzahl dieser zurückgebliebenen Ansiedler sich mit den eingeborenen Frauen verheiratete, wie es heisst, dann muss man noch mit einer kleinen Elite rechnen, die später ihre Familienanhörigen, darunter auch Maurer, Schreiner und andere Handwerker nachholten, und auch die Portugiesen, die als Angestellte zur Aufsicht über die Zuckerrohrmühlen in den grossen Ländereien tätig waren. Wenn man bedenkt, dass jeder Ansiedler viele Sklaven zur Verrichtung der Arbeiten hatte, dann bedeutet dieses auch, dass die Anzahl der Ansiedler viel geringer war als die der Eingeborenen. Auch darf man die Eingeborenen des «Friedens-Bundes», die in Freiheit lebten und die grosse Zahl Guanchen, die noch Widerstand leisteten und weiterhin zur Kriegspartei gehörten, nicht vergessen.

BEISPIELE VON LANDZUTEILUNGEN AN EINGEBORENE MIT SPANISCHEM NAMEN

(f = fanegada, c = cahiz, calemina, etwas mehr als eine halbe fanegada) (data = Landvergabe-Akte)

Data Nr. 1326: Elvira Hernández, die Schwester von Pedro el Bueno und von Gaspar Hernández, meine Diener, Eingeborene von dieser Insel, die meine Patentochter ist und heiraten will, gebe ich für den guten Dienst, der mir geleistet wurde 400 f. Land in Abona...

Data Nr. 576: An Diego de Bauten, Eingeborener dieser Insel, ...60 f. Saatland...

Data Nr. 306: An María de Lugo, Frau des verstorbenen don Pedro, Eingeborene dieser Insel Teneriffa, 100 f. Brachland im Stadtgebiet von Adeje...

Data Nr. 1.303: An Pedro Martín, Eingeborener dieser Insel, und an Francisco Delgado, meine Diener, gebe ich einige Höhlen...

Data Nr. 40: An Miguel de Agoymad (Güímar), Bürger und Eingeborener dieser Insel, zwei c. Brachland.

Data Nr. 720: An Pedro Abtejo von La Gomera, Bürger von Teneriffa, in der Nachbarschaft 8 f. Brachland.

Data Nr. 1.292: An Francisco Hara von La Gomera 4 c. Brachland, die in drei ...Ich sage ich gebe euch 30 f...

Data Nr. 151: An Fernando, Sklave. Ich der Statthalter (adelantado) schenke euch, Fernando, meinem Sklaven, eine f. Bewässerungsland zusammen mit deiner Höhle...

Data Nr. 362: An Alonso de Córdoba, Kanarier aus Gran Canaria, ein c. in Taoro...

Data Nr. 694: An Martín Cosmes und Diego Delgado, Kanarier, meine Diener, ein Stück Land...

Data Nr. 906: An Antonio Díaz, Kanarier wie Eroberer, ein Landrücken bei Acentejo...

Data Nr. 272: Juan Uramas (Doramas), Rodrigo el Coxo (der Lahme), Francisco de León und Fernando de León ... Kanarier ... flehen Euer Gnaden an, uns einige Ländereien zuzuteilen ...

Data Nr. 664: An Juan Fernández, Kanarier...

Data Nr. 669: Guillén García, Kanarier...

Data Nr. 813: Alonso González, Kanarier...

Data Nr. 868: Pedro de Lugo, Kanarier...

Data Nr. 454: Diego de Manzanilla, Pedro de Menenidra. «Ich der Gouverneur Alonso de Lugo ... gebe euch ...».

Data Nr. 913: Pablo Martín, Kanarier ...

Data Nr. 824: Martín Cosmes, Juan Ramos, Diego Pestano, Martín de Vera und Rodrígo García, Kanarier ...

Data Nr. 1.845: Gonzálo de la Fuente und Juan Sánchez, Kanarier ... (15.1.1506).

Data Nr. 69: Pedro Camacho ... Eingeborener von Gran Canaria ...

Data Nr. 17: An Fernando Guanarteme ... gebe ich euch ... 60 f. Saatland auf den Bergrücken von Acentejo ...

Data Nr. 845: An Don Diego von Adeje ... geben und versprechen wir euch don Diego ... der König von Adeje auf der Insel von Teneriffa war, die Gabe von 30 f. Land mit dem dazu gehörigen Wasser ...[63]

Es erfolgten Zuteilungen an wenig Eingeborene von Teneriffa und weitaus mehr an die von Gran Canaria.

Wir fassen zusammen: Nur einige tausend Ansiedler waren es, die die Insel bevölkerten und es war die billige Arbeitskraft der Sklaven, mit der die Felder bestellt und das Vieh gehütet wurde.

MASSNAHMEN DER KRONE ZUGUNSTEN DER EINGEBORENEN

Von Anfang an spielte die Kirche eine sehr wichtige Rolle, um die Eingeborenen der Kanarischen Inseln vor den rücksichtslosen Behandlungen der Ansiedler zu schützen.

Im Jahre 1477 nahm Fernán Peraza an die 100 Gomeros gefangen, darunter Frauen und Kinder, und brachte sie nach Sevilla. Der Bischof Juan Frías aber erfuhr dieses und begab sich vor den Spanischen Hof und erreichte es, dass sie freigelassen und ihm persönlich ausgeliefert wurden. Da einige von ihnen schon verkauft waren, wurde ihre Auslieferung mit dem Recht auf Geldrückgabe gefordert.[64]

Hier folge eine Erklärung von Isabel la Católica (der Königin): «Uns ist zu Ohren gekommen, dass einige Personen Kanarier hierhergebracht haben ...die Christen sind, und andere, die bereit sind, unseren christlichen Glauben anzunehmen ...und sie verkaufen sie als Sklaven ...und weil dies eine Sache von schlechtem Beispiel ist und Grund geben würde, dass keiner von ihnen sich zum Heiligen Katholischen Glauben bekehren würde, werde wir dies verhindern... so senden wir diesen Brief. Mit diesem befehlen wir, dass alle und irgendwelche Personen... die... hergebracht werden... nicht verkauft werden dürfen».[65]

Die Gomeros wurden im Jahre 1478 zurückgegeben, doch Pedro de Vera hielt sie in Las Palmas zurück, bis die Katholischen Könige ihm befahlen, sie auf La Gomera abzusetzen.[66]

Die Anzeigen, die sicherlich vom Bischof Frías gegen Pedro de Vera erstattet wurden, hatten die Einsetzung einer Untersuchungs-Kommission zur Folge, um Entscheidungen zu treffen und um mit Hilfe spanischer Adeliger und Rechtsanwälte zur Verteidigung der Eingeborenen zu wirken und es ergab sich eine für die Kanarier günstige Lösung.[67]

Fernán Peraza, der Herr von La Gomera, hatte gegen die Eingeborenen dieser Insel viele Rechtsbrüche begangen und diese, so vieler Ungerechtigkeit müde, beschlossen ihn zu töten. Die Gomeros erfuhren, dass Peraza eine Liebschaft mit der Prinzessin Yballa hatte und wussten von seinen Besuchen bei ihr in einer Höhle, wo sie ihn im Jahre 1488 ermordeten.

Doña Beatriz de Bobadilla, die Ehefrau von Peraza, bat Pedro de Vera um Hilfe, um diejenigen, die ihren Mann ums Leben gebracht hatten, zu bestrafen. Nachdem jener einige getötet hatte, nahm er, ohne die Unschuldigen zu respektieren, ungefähr 400 Gomeros fest, um sie als Sklaven zu verkaufen. Auch diesen wurde ihre Freiheit wiedergegeben-nach einer langen, von den Katholischen Königen eröffneten und mit Hilfe von Rechtsanwälten, Bischöfen und Missionaren durchgeführten Nachforschung.[68]

Als Folge dieser Rechtsbrüche und auf Befehl der Katholischen Könige musste die Señora de Bobadilla 500.000 Heller (maravedies) als Entschädigung an die Gomeros bezahlen.

Aus dem gleichen Grunde wurde Pedro de Vera, der Eroberer und Gouverneur von Gran Canaria, seines Dienstes enthoben.

Man weiss von zwei Königen: Don Diego von Adeje und don Fernando von Anaga. Letzteren zwang man, auf Gran Canaria zu leben und «nachher wurde er von seinem Sohn Enrique de Anaga gefangen genommen. Im Jahre 1501 wurde er dank des kräftigen Dazwischentretens des Prozessbevollmächtigten für die Armen am Hofe, des Kandidaten Alonso de Sepúlveda, befreit. Diesem hatten die Monarchen einen besonderen Auftrag gegeben, um die Palmeros und die Guanchen aus den Griffen ihrer Unterdrücker zu befreien».[69]

«Diese Rechtsbrüche und dieser Auftrag fanden ihr Echo im «Gerichtsverfahren über den Wohnsitz», dem sich im Jahre 1508 auf königlichen Befehl der Gouverneur von Teneriffa und Statthalter (adelantado) der Kanarischen Inseln, Alonso Fernández de Lugo, unterwerfen musste. Im Urteil, das vom Gouverneur von Gran Canaria und vom Spezialrichter López de Sosa ausgesprochen wurde, wurde er zur Zahlung von 40.000 Hellern an «die Kinder des Königs von Adeje» verurteilt. Ein anderer Eingeborener, der ganz sicher von edler Abkunft war, Andrés de Güimar, erhielt auf Grund dieses Urteils 50.000 Heller als Entschädigung».[70]

Andere Rechtsbrüche Lugos geschahen gegen den Prinzen von La Palma, Sohn eines Häuptlings dieser Insel. Doch der in Madrid ansässige Gazmira brachte dies zur Kenntnis des Hofes. «Und zur Zeit, als Lugo diese Insel zu erobern begann, schlossen sich die besagten Kanarier zu Bünden zusammen und halfen ihm die Eroberung durchzuführen, bis die genannte Insel besetzt und vollends erobert war... und dass so die Kanarier jenes Bundes Christen wurden, und die Männer sich mit ihren Frauen verheirateten, so wie es die Heilige Kirche verordnet hat und noch viele Kanarier des anderen Bundes bekehrten sich gleichfalls zum Christentum».[71]

Lugo nahm noch 200 Eingeborene mehr aus den

«Friedens-Bünden» gefangen, wozu er falsche Vorwände erfand, doch Gazmira konnte bei Hofe Gehör finden.[72]

Durch das Eintreten von Rodrigo de Betanzos, der die Nachricht vor den Hof brachte und die Verteidigung der Eingeborenen auf sich nahm, kam man zur schnellen Befreiung der 300 dem Friedensbunde angehörigen Eingeborenen, die Lugo in seiner Gewalt hatte.[73]

Im Jahre 1500 ging die Verteidigung für die Befreiung der Palmeros und der Guanchen am Hof von Sevilla unter der Leitung des Rechtsanwalts Maluenda und des Kandidaten Sepúlveda weiter. Als die Untersuchung in Sevilla begann, brachten die Herren ihre Sklaven an einen anderen Ort, doch danach erhielten die Verteidiger Vollmacht, um sie ausserhalb Sevillas zu suchen.

Der schon erwähnte Pedro Fernández von La Palma beginnt im Jahre 1502 mit zwei anderen Eingeborenen, Miguel Martín und Leonor Morales, die unterdrückten Palmeros und Guanchen zu vertreten, um ihre Beschwerden zu Gehör zu bringen.[74]

Nach all dem Kampf von Seiten der Eingeborenen und deren unermüdlichen Verteidigern sagt Rumeu de Armas in Bezug auf das Urteil:

«Es gibt jedoch genügend Anzeichen, um zu glauben und zu meinen, dass alles günstig für die Einwohnerschaft der Inseln verlief. Erstens durch den ausserordentlichen Gerechtigkeitssinn, der das Ziel und die Richtlinie des gesamten Königreiches ist, und der auch eine wahre Besessenheit der erlauchten Bevollmächtigten ist, und zweitens durch die Tatsache, dass für die Freiheit der Eingeborenen von Gran Canaria und von La Gomera im Königlichen Gericht, am Hofe und vor anderen Tribunalen gekämpft und gesiegt wurde. Warum sollten die Palmeros und andere Guanchen, die ihre Rechte forderten, eine andere Behandlung erhalten? Der dritte Grund enthält ein schwerwiegendes Argument: Die Beschwerden hören plötzlich auf und man hört keine Stimme mehr, die für die Freiheit und Gerechtigkeit zugunsten von Opfern fleht. Dies allein ist einem Urteil gleich».[75]

DIE FREIEN GUANCHEN

Nachdem die Guanchen der «Kriegsparteien» alle Hoffnungen verloren hatten, die Eindringlinge von den Inseln zu vertreiben, zogen sie sich in grosser Anzahl in die Berge zurück. Trotz aller Bemühungen konnte Lugo sie nur in seltenen Fällen gefangen nehmen, und einige ergaben sich mit der Zeit.

Im Jahre 1499 war «die Lage auf Grund der sehr grossen Anzahl aufständischer Eingeborener, die in die Berge gezogen waren und in

Freiheit lebten, höchst schwierig. Sie besassen eine aussergewöhnlich gute Kenntnis des Landes und waren schwer aufzufinden».[76] In diesem Jahr ordnete Lugo auch an, sie zu überwältigen, ohne dabei den 'Friedensbund' zu belästigen. Der Leutnant des Gouverneurs, Gerónimo Valdés, schlug vor, als Hilfsführer verschiedene Guanchen seines Vertrauens zu benutzen, doch stiess er auf den Protest des Geschworenen Juan de Badajoz, der in dieser Massnahme mehr Gefahren als Vorteile sah».[77]

«Dieser Plan hatte kein Ergebnis und konnte nie in die Tat umgesetzt werden. Der Staatsanwalt sagte sogar, dass er die vermeintlichen Helfer von der Insel verbannen würde und konnte so das von Lugo geplante Projekt verhindern».[78] Den Beweis hierfür haben wir im Protokoll Nr. 494 des Cabildos aus dem Jahre 1506, worin gesagt wird: «Es gibt viele rebellische Guanchen, die das Vieh stehlen und anderen Schaden anrichten».[79]

Nach Rumeu de Armas «... fand das Problem der Freien Guanchen (alzados) keine wirksame Lösung, da die Rebellen, sobald sie in Gefahr gerieten, sich in den Schutz des Friedensbundes begaben. Die Beschlüsse des Cabildos erwähnten Jahre hindurch diese Rebellen mit ermüdender Beharrlichkeit. Die Eingliederung dieser Menschen in die neue Gesellschaft konnte nur mit der Zeit geschehen und es vergingen mehrere Jahrzehnte, bis dies zustande kam».[80]

Auf der Insel La Palma konnten die Rebellen und vor allem die Leute, die Tanausú folgten, in den vorhandenen tiefen Höhlen, die von Natur aus eine gewisse Wärme hatten, zwischen La Cumbrecita und El Pico de la Nieve überwintern.

Nach mündlicher Überlieferung, hauptsächlich durch die Erzählungen der Hirten, weiss man heute, dass die Höhle El Jumo, die nicht von Wäldern umgeben ist, auch als Schutz diente, als die Spanier die Wälder der Berge in Brand setzten, damit sich die Rebellen ergäben.

DIE RÜCKKEHR DER EINGEBORENEN AUF DIE KANARISCHEN INSELN

Die Eingeborenen, die als Sklaven oder Verbannte auf dem Festland lebten, kämpften fortwährend um ihre Freiheit, um in ihre Heimat zurückzukehren.

Wie schon gesagt wurde, verbannte Pedro de Vera eine grosse Anzahl Eingeborener von Gran Canaria, Frauen und Kinder inbegriffen, nach Sevilla. Diese Menschen begannen zurückzukehren, doch Pedro de Vera gelang es, dieses zu verhindern, da er Konflikte befürchtete. Denn eine grosse Anzahl dieser Leute schloss sich der einheimischen Bevölkerung auf der Insel an und er glaubte, dass sie gegen ihn einen Aufstand planen könnten. Von den verbannten Kanariern kehrten einige hundert auf die Insel zurück, sie mussten aber an der Eroberung von La Palma und von Teneriffa teilnehmen. Wenn nun einige Eingeborene derartig auf ihre Rückkehr bestanden, ist anzunehmen, dass sie auf ihre Inseln zurückkehrten, sobald die Forderung nach ihrer Freiheit erfüllt war – auch wenn dieser Prozess langsam vonstatten ging.[81]

Manuela Marrero sagt in Bezug auf die Sklaverei: «Der Sklave sucht und erhält die Freiheit häufig durch seine eigenen Mittel...»[82]

«Er erhielt auch die Freiheit indem er für sie zahlte, denn deren viele freien Familienangehörige taten alles mögliche, um sie zu befreien und suchten sie sogar auf dem Festland».[83]

Aus diesem Dokument kann man ersehen, wie die Versklavten des «Friedensbundes» von ihren Familien gesucht wurden: «Diego Díaz, Fernán Pérez, Miguel de Güimar, Alonso de Bonilla, Fernando de Ibaute, Juan Alonso, Bastián Ortega, Pedro de Trujillo, Juan de las Casas, Pedro de Llarena, Fernán de Tegueste, Alonso González, Francisco de Adex, Diego de Armas, Juan Osorio... erteilen Andrés de Güimar eine besondere Vollmacht... um vor die Könige und ihre Ratgeber zu treten und alle notwendigen Schritte zu unternehmen, um das Verfahren für die Freiheit der Guanchen des Friedensbundes gegen den Statthalter durchzuführen».

Viele der Guanchen, die aus der Verbannung oder Sklaverei zurückkamen, bekleideten sich wieder mit ihren alten Kleidern (den tamarcos), mischten sich unter die Freien Guanchen (los alzados) in den Bergen und rieten den Sklaven, sich mit ihnen zu erheben und das Vieh ihrer Herren zu stehlen, da diese es ihnen sowieso zuvor fortgenommen hätten.

Wie man in den Akten des Cabildos von La Palma feststellt, zeigte der Ratsherr Luis Alvarez am 2. November 1577 ein königliches Dekret vor, das er von Händen Seiner Majestät bekommen hatte, wodurch er Erlaubnis hatte 500 Sklaven (Zwangsarbeiter) im Werte von 13.000 Dukanten für eine begrenzte Zeit für den Bau eines Hafenkais zu verkaufen (Akte des Cabildos vom 4-12-1579). Diese Bitte hatte der vorige Ratsherr Luis Horosco ausgesprochen, als er den König um Hilfe für den Bau dieses Kais bat.

Im Jahre 1587 legte Fernán Rodríguez Perera, Bürger von Sevilla und mit diesem Dienst beauftragt, dem Cabildo der Insel La Palma von dem Verkauf dieser Sklaven Rechenschaft ab.

Wenn man sich fast ein Jahrhundert nach der Eroberung erlauben konnte von den wenigen tausend Einwohnern diese Insel eine solche Anzahl als Sklaven zu verkaufen, dann sieht man klar und deutlich, dass die Eingeborenen die Mehrheit unter der Bevölkerung bildeten. Wie man sehen kann, wurden diese Sklaven nur für eine begrenzte Zeitspanne verkauft und sie zögerten nicht zurückzukehren.

Viele jener Spanier und Portugiesen, die dem Anschein nach als Ansiedler auf die kanarischen Inseln kamen, waren in Wirklichkeit Guanchen, die während ihrer Sklaverei oder Verbannung verschiedene Berufe erlernt hatten und nach vielen Jahren zurückkehrten und gewisse Privilegien ausnutzten. Dieses wird auch von dem Forscher Lothar Siemens Hernández bestätigt, der sich auf Dokumente des sechzehnten Jahrhunderts bezieht und sagt, dass lange vor der spanischen Eroberung die Portugiesen einige hundert Kanarier gefangengenommen hatten, um die Insel Madeira zu bevölkern und auch, um sie als Hirten zu gebrauchen. Diese mehrere hundert Sklaven (oder ihre Nachkommenschaft) kehrten mit portugiesischen Namen und schon als Meister im Gewerbe des Rohrzuckers auf die Kanarischen Inseln zurück.

DIE ANPASSUNG AN DIE NEUE GESELLSCHAFT UND DIE VERSCHMELZUNG VON EINGEBORENEN UND ANSIEDLERN

Nach der Eroberung mussten die Eingeborenen mit einem neuen und wesentlichen Wechsel ihrer Lebensart fertig werden. Abgesehen von einer kleinen Minderheit Eingeborener, die sich vermischte oder sich der neuen Gesellschaftform anpasste, gab es in den ersten Zeiten für die einen oder die anderen grosse Schwierigkeiten, sich anzupassen. Wenige Jahre nach der Eroberung begannen viele Ureinwohner sich in die neue Gesellschaft einzufügen. «Die Freien Eingeborenen widmeten sich nicht nur dem Vieh-Hüten und dem Verkauf ihrer Erzeugnisse an ihre Mitbürger, sondern sie begannen auch wie die Ansiedler landwirtschaftliche Arbeiten zu machen, um ebenso wie die Fremden ihren Lebensstandard zu erhöhen.

Sie besassen auch eigenes Land, das sie mit ihrem Gewinn beim Viehverkauf erworben hatten oder das ihnen bei Schenkungen oder Zuteilungen «als Bürger» gegeben worden war».[85]

Wie bereits gesagt, zögerten die Eingeborenen dieser Inseln nicht lange, um die Sitten und den Fortschritt der Eroberer anzunehmen; sie nahmen Teil am Stadtleben und widmeten sich den Berufen, die sie bei ihren Herren erlernt hatten, als sie noch Sklaven waren. Doch ausser den sich in den Bergen aufhaltenden Rebellen (alzados) gab es noch freie Hirten, die in den hohen und einsamen Gegenden ihre alten Guanchensitten und ihre Lebensweise weiterführten. Noch im Jahre 1514 verbot das Cabildo den Eingeborenen in den Bergen Waffen zu tragen, weil sie keine Verbindung zu den Spaniern hatten und noch ihre alten Traditionen weiter pflegten und ihre *tamarcos* trugen.[86]

Seit den ersten Zeiten der neuen Gesellschaft gab es viele Ehen zwischen den Ansiedlern und den eingeborenen Frauen, wenn auch nicht so viele, wie man hätte erwarten können. Wenn auch gesagt wird, dass die meisten Ansiedler ledig waren und hier heirateten, so darf man doch nicht vergessen, dass die Anzahl der Eroberer auf Gran Canaria ungefähr 700 Männer und genau so viel auf den anderen Inseln (La Palma und Teneriffa) betrug. Die Mehrzahl von diesen aber ging, wie schon gesagt wurde, kurz nach der Eroberung zurück auf das Festland. Hieraus kann man schliessen, dass auf diesen drei Inseln während der ersten Jahre nur einige hundert Eheschliessungen oder Mischehen vollzogen wurden. Diese Ehen wurden zum grössten Teil unter den Eingeborenen geschlossen, die sich der Gesellschaft anpassten, seien sie nun Sklaven oder Freie. Aber die sich in den Bergen aufhaltenden Rebellen heirateten weitherhin unter sich.

Man muss auch erwähnen, dass von Anfang an Heiraten zwischen den Adeligen der Inseln und den Spaniern stattfanden.

Auf Gran Canaria heiratete Guayamina, die Tochter von Fernando Guanarteme, die sich nach der Taufe Margarita nannte, den Eroberer Miguel de Trexo Carvajal.

Die Eingeborene Arminda (Catalina) heiratete Hernando de Guzmán, den Sohn eines vornehmen Kastiliers.

Die Tochter des «guaire» (Edelmann) Utindana, die auf den Namen Catalina Fernández getauft war, heiratete den Hauptmann Francisco de Cabrejas.

Auf Lanzarote hatte der König Guadarfía Nachkommen, die sich mit den neuen Herren und Befehlshabern der Insel mischten.

Auf Teneriffa verheiratete sich Dácil, eine Tochter von Benchomo (Bencomo), mit Gaspar Hernández, der vorher König von Abona gewesen war, und die andere Tochter, die sich María nannte, heiratete den Sohn des mutigen Doramas von Gran Canaria, Juan Doramas.

Pedro Maninidra, der berühmte Krieger von Gran Canaria,

hinterliess zwei Kinder, Pedro und Inés. Inés heiratete Miguel González, der von Gran Canaria gebürtig war. Aus dieser Ehe ging der berühmte Eroberer von Amerika, Agustín Delgado, hervor.

Es gab auch andere berühmte Inselbewohner, unter denen sich Ibone de Armas befand, der ein Sohn von Juan Negrín, eines Eingeborenen von La Gomera, war.[87]

Unglückseligerweise ist die «Inquisition» mit diesen Eheschliessungen und den Anpassungen an die neue Gesellschaft verbunden.

«Es ist traurig aber wahr, dass durch die Adelsregister für den Eintritt in die höheren Schulen nachzuweisen war, dass man weder kanarischer, maurischer noch jüdischer Herkunft war. Diese Verfügung muss einen mächtigen Einfluss auf die Inselbewohner ausgeübt haben, so dass sie ihre wirkliche Herkunft verheimlichten. Eine Ausnahme bildeten die oben genannten Familien und andere, die uns als Nachkommen von guanartemes und menceys (Königen) bekannt sind und bald geadelt wurden und schon ihrer Verehelichungen wegen eine aussergewöhnliche Stellung besassen.

Die Inquisition hatte auch die traurige Folge, dass sie sich beeilte die bekehrten Kanarier in ihre geheimen Register einzuschreiben, da sie sie mit argwöhnischem Misstrauen betrachtete. Die Furcht und die herbe Enttäuschung, auf diesen gehassten Listen zu erscheinen, hatte als unvermeidliche Folge die Verheimlichung bekannter Familiennamen in den Urkunden der Eltern und Grosseltern zur Folge und auch die Erfindung lächerlicher und unwahrscheinlicher Ahnentafeln».[88]

Man muss sich dessen mehr schämen wie es bedauern. Die Guanchen verdienten diese Diskriminierung nicht. Den Freien oder denen, die lange Jahre Sklaven gewesen waren, wurden die Vorrechte der Spanier vorenthalten und sie blieben deshalb Bürger zweiter Klasse.

Auf der anderen Seite beobachtete man, wie die Kanarier ihre eigene Rasse verleugneten und sogar ihre Nachnamen, durch die sie erkenntlich waren, wechselten. Das gibt uns zweifellos zu verstehen, dass nur wenige Jahrzehnte nötig waren, damit die Kanarier (oder wenigsten der grösste Teil von ihnen) sich in wahrhaftige Spanier verwandelten und nicht zugeben wollten, dass sie kanarischen Ursprungs waren. Diese politische Diskrimination begünstigte die Eroberer als Herren, da eine ihrer ersten Absichten darin bestand, so bald wie möglich die einheimische Struktur zu zerstören. So nahmen die Guanchen sehr bald, freiwillig oder gezwungenermassen, die spanische Kultur an. Aus all diesem kann man leicht schliessen, dass die «Idee Guanche» verschwand. Ausserdem wurden die Inselbewohner, nachdem sie spanische Kleidung trugen und spanische Sitten annahmen, nicht mehr als Guanchen betrachtet. Man darf auch nicht vergessen, dass die Guanchen oder vielmehr deren Kinder das Opfer von Gespött wurden und ganz sicher wegen bestimmter uralter Sitten von anderen Kindern lächerlich gemacht wurden.

Über die Sitten der Guanchen sagt Fray Alonso Espinosa: «Dieses ist, was ich nach viel und schwieriger Arbeit über die Sitten der Guanchen erfahren und verstehen konnte. Die alten Guanchen sind so kurz angebunden und verschlossen, dass, auch wenn man sie kennt, sie darüber nichts erzählen wollen, weil sie glauben, dass dieses Bekanntwerden schädlich für ihr Volk wäre».[89]

DIE KANARISCHE BEVÖLKERUNG ZU BEGINN DES XVI. JAHRHUNDERTS

Wir wissen nichts über die Einwohnerzahl der Kanarischen Inseln nach der Beendigung der Eroberung. Über das Jahr 1552 kann man im dritten Buch der Geschichte von Agustín Millares Torres folgendes lesen: «Man kann die Hypothese vertreten, dass in jenen Jahren im gesamten Archipel ungefähr 25.000 Einwohner lebten...».[90]

Wie man sieht, ist dieses nur eine Hypothese, doch darf man annehmen, dass die Einwohnerzahl nicht viel grösser war. Zu dieser Zeit gab es keine Volkszählungen und man kann hierüber einiges, doch nicht alles, durch die Register in Erfahrung bringen.

Zunächst muss man bedenken, dass um das Jahr 1522 eine grosse Anzahl Eingeborener als Rebellen weiterleben konnte, denn wie schon erwähnt brauchten diese Menschen Jahrzehnte, um sich als freie Menschen in die neue Gesellschaft einzugliedern. Die Ansiedler waren auch nicht übermässig daran interessiert, die Zahl der Freien Guanchen in den höher gelegenen Gebieten zu wissen.

Durch die Kolonisierung von Amerika gab es für die Kanarischen Inseln einige Änderungen. Zunächst hörte weitgehend die spanische Kolonisation auf und es kamen Portugiesen, da wegen der ausserordentlichen Fruchtbarkeit des amerikanischen Kontinents die Spanier die Gelegenheit nicht verpassen wollten, dahin zu segeln, um ihr Glück zu versuchen. Der Reichtum der Kanarischen Inseln war schon verteilt und er war nicht ausreichend, um den Kindern der Ansiedler gleichen Wohlstand zu sichern. Die Auswanderung in den neuen Kontinent muss gross gewesen sein. Diese Abenteurer waren zum grössten Teil die Kinder der schon genannten Ansiedler und dann auch die schon in die Gesellschaft eingegliederten Guanchen.

Zurück blieben die Rebellen und diejenigen, die vom spanischen Festland zurückkehren durften. Diese in der Einsamkeit lebenden Hirten und Rebellen wollten nicht die ersten sein, um Amerika zu kolonisieren und setzten weiterhin ihr ruhiges Leben auf den Inseln fort.

Aus diesen Gründen konnte die kanarische Bevölkerung in diesen Jahren und noch einige Jahre länger recht stabil bleiben. Man sagt, dass im Jahre 1540 etwa 40.000 Einwohner im Archipel lebten.

DIE KANARIER ZU ENDE DES LETZTEN JAHRHUNDERTS

Obwohl die Guanchen, wie schon gesagt wurde, sich in die neue Gesellschaft eingliederten, gab es doch immer einige Gruppen, die dafür viele Jahre benötigten.

Fast ein ganzes Jahrhundert nach der Eroberung Teneriffas gab es noch eine Gruppe in Candelaria, die ihre alten Sitten fortsetzte. Padre Espinosa kannte sie persönlich und sagt, wenn er über die Dörfer der Insel spricht: «Candelaria und Güimar sind andererseits Orte, wo die wirklichen Guanchen, die übrig geblieben sind, leben und es sind nur wenige, denn sie sind bereits vermischt...».[91]

Viele Sitten haben bis zur heutigen Zeit überlebt, doch genau gesagt, nur bis vor einigen Jahrzehnten.

Gegen Ende des letzten Jahrhunderts gab es noch Kanarier, die viele Guanchensitten befolgten.

Zwischen 1885 und 1888 lebte Victor Grau Bassas unter den Menschen auf dem Lande und hat seine Erinnerungen aufgeschrieben.

In Hinsicht auf die Wohnungen schreibt er: «Auf Gran Canaria gibt es zweierlei Arten von Wohnungen: Die eine in Höhlen und die andere in aus Stein und Lehm erbauten Häusern. Die in den Höhlen sind in die Felsen eingearbeitete Zimmer, die entweder schon von den ehemaligen Einwohnern oder neu von den gegenwärtigen Bewohnern gebaut worden sind».[92]

Von der Kleidung sagt er: «Die Tuchmütze (montera) ist das unnützeste und unbequemste antike Kleidungsstück, das man kennt und es ist bemerkenswert, dass sie trotzdem bis auf die heutige Zeit benutzt wird».[93] (Der Autor vergleicht sie mit dem Lederhut der Guanchen).

«Das lange Hemd (el camisón) ist ein gewöhnliches Männerhemd aus im Lande hergestelltem Leinenstoff. Diese Hemden sind so lang wie Röcke, so dass sie als einzige Bekleidung getragen werden können, ohne die Scham zu verletzen.[94] (Sie ähneln in der Form, doch nicht im Material, den Nachthemden).

«Es wird wohl in der ganzen Welt wenige so nüchterne Völker geben wie die Kanarier. Denn sie haben Punkt für Punkt die Sitten ihrer Vorfahren weiter befolgt und ähneln in dieser Hinsicht ihren Verwandten, den jetzigen Beduinen».[95]

Von allen Speisen ist der Gofio das wichtigste und das unentbehrlichste Nahrungsmittel. Er wird mit Milch oder *tabique* (Molke) angerührt, auch mit Kartoffeln, Suppe (potaje) usw.

Den Tisch deckt man auf einer Palmenmatte, die auch in der ärmsten Hütte nicht fehlt. Man legt ein weisses Tuch darauf und die ganze Familie setzt sich darum herum: Die Frauen mit überkreuzten Beinen und die Männer ausgestreckt, wobei sie sich auf den linken Ellenbogen stützen».[96]

Auch Dr. R. Verneau war vor einem Jahrhundert auf den Kanarischen Inseln und berichtet, dass er auf seinen Reisen auf allen Inseln dieses Archipels Guanchen-Gesichter gesehen hat.

Wie in den alten Zeiten waren auf Fuerteventura die hochwüchsigsten Menschen aller Inseln anzutreffen. «Die Menschen von Fuerteventura gleichen denen von Lanzarote in ihren Gebräuchen und in der Kleidung, doch sie unterscheiden sich in ihrem Aussehen. Es ist nicht selten, auf dieser Insel hochgewachsene Männer, oft mehr als 1,75 Meter lang, zu sehen, die wegen ihres Aussehens und wegen ihrer Schädeleigenschaften sehr den alten Guanchen ähneln».[97]

Von seiner Reise durch Teneriffa sagt er Folgendes: «Wir gelangten an eine arme und aus trockenen Steinen erbaute Hütte, wo wir mit der grössten Herzlichkeit aufgenommen wurden. Wir waren in dem Dorf von Anaga... Unser Gastgeber war ein Hirte und einer der Ärmsten mitten in einem verlorenen Winkel der Berge. Doch er besass den Mut und die Grosszügigkeit seiner Guanchen-Vorfahren... Man brauchte seine Einbildungskraft nicht sehr anzustregen, um sich in dem Hause eines Nachkommen der tapferen Hirten von damals zu fühlen. Wenn er auch nicht die Kleidung der alten Guanchen trug, so besass er doch deren Aussehen...».[98]

In Bezug auf die Blonden im Norden von Teneriffa, genau gesagt in San Juan de la Rambla, sagt er uns: «Was mich am meisten erschütterte, als ich zum ersten Mal dort war, war die grosse Anzahl blauäugiger und blonder Menschen. Ihr Wuchs und ihre Statur, dies alles zeigt uns, dass wir uns bei Nachkommen der Eroberer befinden...»[99]

«In Fasnia waren die Wohnungen in den vulkanischen Tuffstein eingehöhlt und die Bewohner wohnten auf die gleiche Art wie die

Hirte von Mogán (Gran Canaria)

Mann von der Insel Hierro, in Sommerkleidung.

alten Guanchen... Man findet gastfreundliche Menschen, die zum Teil von den Insulanern abstammen und von denen die Mehrheit die Urgestalt erhalten hat. In der Mitte des XVI. Jahrhunderts waren die Spanier kaum weiter als bis Güimar vorgedrungen. Einschliesslich dieser Örtlichkeit war alles von echten Guanchen bewohnt, die allein schon ein ganzes Volk bildeten».[100]

Auf Teneriffa «ähnelten die Bewohner in allen Gesichtspunkten ihren Nachbarn auf Gran Canaria. Trotzdem aber sieht man den Guanchentyp häufiger... man sieht so ärmliche Menschen... die keine anderen Möbel besitzen, als die der alten Guanchen...».[101]

Über Mogán auf Gran Canaria sagt er uns: «Es sind vor allem die Hirten, die hier leben und es haben sich hier nur wenige Europäer niedergelassen. Es ist nicht ungewöhnlich Menschen zu finden, die ihrem Typ nach den ersten Einwohnern sehr ähnlich sind. Auch sind es diejenigen, die die Sitten erhalten haben.

Man kann den Hirten von Mogán als den Prototyp des kanarischen Hirten bezeichnen. Er kleidet sich mit einem Hemd aus rauhem Stoff, mit Hosen aus demselben Stoff, wobei die Hosenbeine weit wie ein Unterrock sind und nicht über das Knie reichen, und mit einer ärmellosen Weste».[102]

«Die Einwohner von La Gomera sind ein eigentümliches Volk. Sie erinnern uns in ihrem Aussehen und in ihrer grossen Zahl von Sitten an ihre Vorfahren vor der Eroberung. Sie sind von kleinem Wuchs, dabei aber behende und kräftig und sie können mit ungeheurer Geschwindigkeit mitten durch die abschüssigen Schluchten rennen. Aufgrund ihrer Schädelform ähneln die den Guanchen...».[103]

DAS ÜBERLEBEN DER GUANCHEN IN DER GEGENWART

Im vorigen Kapitel konnte man sehen, dass es gegen Ende des letzten Jahrhunderts (vor allem auf Gran Canaria) noch einige Hirten gab, die eine ähnliche Kleidung trugen wie ihre Guanchen-Vorfahren.

Diego Cuscoy gibt uns in seinem Buch, das im Jahre 1968 veröffentlicht wurde, eine Vorstellung über die Fortdauer der Sitten bis in unsere Zeit. «Ein Volk wie die Guanchen, das sich vollkommen dem Hüten des Viehs gewidmet hat, muss auf jeden Fall Spuren davon hinterlassen haben».[104]

Der Hirtenberuf erlitt durch die Eroberung und durch die dadurch hervorgerufenen Änderungen entsprechende Schäden, doch blieb er erhalten, da er für die Beschäftigung und Ernährung eines grossen Teiles der Insel-Bevölkerung unersetzlich war... Dies soll heissen, dass der Hirtenberuf auch weiter in den Händen der Guanchen blieb...».[105]

Diese Tätigkeit wurde vor allem «in den Gebieten von Tacoronte, Tegueste und Valle Guerra im Norden und im Tal von Arona und im Tal von Güimar im Süden betrieben. Wichtiger waren die höher gelegenen Weideflächen in den Bergen, vor allem in den Cañadas und auf den Höhen von La Guancha, Icod und Santiago del Teide... Es waren dies offene Flächen, deren Grenzen die Eingeborenen nach der Eroberung zu erhalten versuchten... dies dank einer ununterbrochenen Ausübung des Hirtenberufes bis in unsere Tage».[106]

Neuerlich haben verschiedene Historiker auf Grund der grossen Anzahl in öffentlichen Archiven vorhandener Dokumente das Überleben der Guanchen bestätigt. Es war immer über die Guanchen-Bevölkerung strengstes Stillschweigen bewahrt worden oder besser gesagt: Es wurden die Informationen, die man besass, nicht veröffentlicht, da es nicht ratsam schien, dass das Volk die Wahrheit erführe. Bis vor wenigen Jahren fehlten in den Veröffentlichungen über die kanarische Geschichte, die der kanarischen Bevölkerung zugängig waren, wesentliche Informationen über die Vergangenheit. Auch heute noch sprechen unbegreiflicherweise einige Historiker von den «Guanchen-Minderheiten», die überlebten. Sie berufen sich ungeschickt auf die lächerliche und sinnlose Akte des Cabildos aus dem Jahre 1515, die besagt, dass es auf der Insel nur noch 600 Guanchen gab, die Geflohenen inbegriffen. In Wirklichkeit finden sich mehr als genügend Beweise, die bestätigen, dass diese Akte ohne jeden Wert ist.

In seinem Werk über die kanarische Geschichte sagt uns Agustín Millares Torres, dass auf Fuerteventura ziemlich viele Eingeborene überlebten und auch auf «dem herrschaftlichen aber noch nicht wiederbevölkerten La Gomera, trotz der Aufstände, Verbannungen und Gefangennahmen, die es dort gab...».[107] In Bezug auf die anderen Inseln, insbesondere Gran Canaria und Teneriffa, sagt er, dass ausser den Gruppen, die sich ergaben noch die zwei «Friedens-Bünde» und eine Gruppe in Tacoronte und dazu noch die Hirten, die in den einsamen Gegenden lebten, weiterbestanden.[108]

Der angesehene Professor Rumeu de Armas hat öffentlich gesagt, dass 90 Prozent der kanarischen Bevölkerung Guanchenblut hat. In Hinsicht auf das Verhalten von Lugo sagt er: «dass trotz der umwerfenden Sympathie, die die starke und stolze Persönlichkeit des Eroberers von Teneriffa erweckt die neueste Geschichtsschreibung in seinem Verhalten den Eingeborenen gegenüber zu einer völlig entgegengesetzten Beurteilung kommt: Es war dies eine romantische Einstellung, die diese Geschehnisse zu vertuschen versuchte, um die grosse historische Bedeutung seines Namens zu ehren. Es ist dies aber nicht möglich, da die jetzige Bevölkerung von Teneriffa in der Mehrheit aus Mischlingen besteht, also aus Nachkommen der Opfer der Eroberung».[109]

Die Geschichte der Kanarischen Inseln, insbesondere die von Gran Canaria, La Palma und Teneriffa, wurde während der ersten Jahre nach der Eroberung von den Ansiedlern und deren Nachkommen während langer Zeit entsprechend manipuliert.

Sie gaben eine karge Geschichtsschreibung indem sie sich nur auf wirkliche Hauptsachen bezogen, wenn auch in ungenauer Weise. Man kann es kaum glauben, dass es nicht einen Historiker oder Missionar gab, der sich dafür interessierte, die Geschehnisse jener Zeit zu berichten. Denn, wie man sah, stellte ja die Inquisition die Guanchen an den Aussenrand der Gesellschaft und diese sahen sich gezwungen die eigene Rasse zu verleugnen. Deshalb ist es anzunehmen, dass der einzige Grund hierfür war, dass es verboten war über die Untaten und Überfälle der Ansiedler zu berichten. Der erste Historiker Teneriffas war Fray Alonso de Espinosa, der fast ein Jahrhundert nach der Eroberung seine Berichte niederschrieb. Bald danach kamen Torriani, Abreu Galindo usw.

Wenn wir eine kleine Analyse machen von allem, was in diesem Buch niedergeschrieben ist, dann können wir die Dinge besser sehen:

Als erstes und in Bezug auf die kanarische Bevölkerung, sowohl vor als auch nach der Eroberung und auch nach einigen Jahrzehnten, können wir erkennen, dass annähernd zwei Drittel der Eingeborenen verschwand. Doch auch so bildeten die Ansiedler nur eine Minderheit in der Bevölkerung. Beweis hierfür sind die «datas» und die Landzuteilungen.

Diese zwei Drittel, die von den Inseln verschwanden, zeigen uns aber nicht, dass alle starben, sondern, wie man gesehen hat, dass viele als Sklaven verkauft oder vom ganzen Archipel verbannt wurden. Und, da wir wissen, dass es nicht so viele Tausende Todesopfer gab, können wir uns denken, dass es in der Mehrheit verkaufte Sklaven waren. Andererseits kennen wir den Schutz der Krone für die Eingeborenen. Beweis genug dafür sind die Dienstenthebung des Gouverneurs Pedro de Vera auf Gran Canaria, der Schadensersatz, der von der Señora de Bobadilla gezahlt werden musste, und das Gerichtsverfahren gegen Alonso Fernández de Lugo.

Abgesehen von jenen Guanchen, die frei blieben, wurde die

Mehrheit der Männer zu Sklaven gemacht. Die Ansiedler aber wollten nicht auf sie verzichten, da sie sie für die Landwirtschaft und als Hirten brauchten. Im Werk von Manuela Marrero über die Sklaven auf Teneriffa kann man lesen, dass die Anzahl der Guanchen-Sklaven vom Jahre 1505 an immer niedriger wurde. Es wurden von diesem Jahr an bis zum Jahre 1510 ungefähr 50 Guanchen-Sklaven verkauft und von 1510 bis 1520 nur ungefähr 10. Von da an waren die Sklaven, wenn man den Dokumenten folgt, Berber, Mauren oder Neger.

So kann man glauben, dass die vielen Guanchen, die als Rebellen (guanches alzados) viel Zeit brauchten, um sich der neuen Gesellschaft anzupassen, das Glück hatten auf ihrer Insel zu bleiben falls sie gefangen wurden oder an die Siedler der anderen Inseln verkauft zu werden.

Dann haben wir noch die Guanchen-Sklaven, die um ihre Rückkehr zu den Inseln kämpften. Vielleicht wünschten viele auf dem Festland zu bleiben, aber andere zogen es vor zurückzukehren. Man hat gesehen, dass Frauen und Kinder von Gran Canaria, sobald sie nur konnten, auf ihre Insel zurückkehrten.

Schliesslich muss man noch besonders die Frauen und Kinder der Guanchen in Betracht ziehen. Waren denn die Spanier wirklich so barbarisch, dass sie alle Kinder, die in den Kämpfen elternlos oder zumindestens vaterlos wurden, vernichteten? Das hat nicht so sein können. Abreu Galindo beschreibt, wie sie diese auf Gran Canaria unter den Ansiedlern aufteilten. Andererseits hat man gesehen, wie die Spanier in vielen Fällen die Guanchen, die ihnen halfen, gut behandelten. Und was soll man davon halten, dass die Ansiedler die Kinder ihrer Sklaven nicht zurückhielten, um sie zu ihren späteren Dienern zu erziehen und sie zu bekehren?

Bezüglich der Annahme, dass die Guanchenfrauen wegen der grossen Veränderungen, die sie in Kauf nehmen mussten, Probleme hatten Kinder zu bekommen, muss man sagen, dass auf den Kanarischen Inseln nicht das passierte, was in Amerika geschah. Die meisten Guanchen integrierten in wenigen Jahren. Beweis dafür ist die grosse Zahl Ehen zwischen Eroberern und Guanchenfrauen. Und wenn diese Veränderungen etwas bewirkt haben, so hatten sie doch keinen Einfluss darauf, dass spanische Frauen auf einige Inseln zogen, wo die ersten Jahre bestimmt für sie voller Sorgen waren.

Die Gomeros, die zu rebellisch waren die Lebensart der Ansiedler anzunehmen und die ihren Herren Peraza getötet hatten, überlebten trotz der Toten, die es unter ihnen gab und trotz der Misshandlungen, die sie erlitten. Wenn man bedenkt, dass heutzutage die Mehrheit der Gomeros von den Ureinwohnern abstammt, so muss man nicht glauben, dass die anderen Inseln grösseres Unglück hatten, denn den Berichten nach war La Gomera eine der am meisten ausgeplünderten und ausgebeuteten Inseln gewesen und sogar Lugo hatte Gelegenheit (durch seine Ehe mit Beatriz de Bobadilla, nach dem Tode ihres ersten Mannes) auf indirekte Weise dort seinen Einfluss auszuüben, besonders, wenn man bedenkt was diese Frau anstellte, um den Tod Perazas zu rächen.

Was geschah, war, dass die Ansiedler trotz ihrer Minderheit die Guanchen beherrschten und sie dazu zwangen, ihre alten Gebräuche aufzugeben. Es wurde ihnen verboten in ihrer alten Sprache zu sprechen oder ihre Lederbekleidung zu tragen. Sie wurden gezwungen, in Dörfern und nicht in abgelegenen Plätzen zu wohnen und sie wurden sogar dazu gezwungen, die Keramik so wie in Andalusien herzustellen. Trotzdem bewahrten sie viele Gebräuche bis zur Gegenwart, oder, genauer gesagt, bis vor einigen Jahrzehnten.

Auf allen Kanarischen Inseln hat man Dinge wie den gofio, den zurrón (ein Ziegenbalg, in dem man den gofio mischte), die Steinmühle, um den gofio zu mahlen, erhalten, wie auch einige Worte wie z. B. *beleté* oder *tafor* (die erste Milch der Ziegen), *baifo* (Zicklein), *gánigo* (ein Tongefäss), goro (ein Stall) und andere. Die Hirten waren diejenigen, die das meiste an Sitten und Gebräuchen der Guanchen haben erhalten können. Die langen Lanzen, die Art Ziegen zu hüten und sie an den Eutern mit Tabaibamilch einzureiben damit sie von den Zicklein am Tage nicht gemolken würden, weil diese Flüssigkeit eine Art Gummi bildet. Die Wolldecke von La Esperanza ist dem Tamarco sehr ähnlich, nur, dass sie nicht aus Leder ist. Im Gesang und Tanz findet man auch grosse Guanchen-Einflüsse, so vor allem beim Sirinoque, Trommeltanz, Vivo, Tajaraste und bei der Folía. Die Redeart der Kanarier erinnert an die sanfte Redeweise der Guanchen. Das Stockfechten wird weiterhin auf ähnliche Art und Weise betrieben, wie es die Guanchen taten. Die Lucha Canaria (Ringkampf) hat ebenfalls vor-spanische Wurzeln, obwohl sie sich ziemlich weiter entwickelt hat. Die Gastfreundschaft, Freundlichkeit und die Passivität (Untätigkeit, Tatenlosigkeit) sind ererbte Eigenschaften der Eingeborenen.

Aus all diesem schliesst man, dass trotz der vielen Todesopfer, Sklaven und allen Wandlungen, die die Guanchenbevölkerung in Kauf nehmen musste, sie doch den Zeitenwandel überlebte und die Rasse am Leben geblieben ist.

Die körperlichen Merkmale der vor-spanischen Bevölkerung finden sich echter erhalten in den ärmeren Gebieten und in den Bergdörfern. Auf Gran Canaria und Teneriffa kann man dies vor allem im Süden und in den höheren Zonen beobachten. Es ist hier auch die sogenannte Kultur der «túmulos» an der Nordostküste von Gran Canaria zu erwähnen. Dabei handelt es sich um Menschen mit dunklem Haar, breiter Nase und vollen Lippen, die «einen afrikanischen, jedoch kaum negerhaften Anblick bieten».[110] Andere Orte, wo mehr der Guanchentyp überwiegt, sind: La Vegueta, Haría, San Bartolomé, Tinajo und Teguise (auf Lanzarote), Tijarafe, Puntagorda und Garafía (auf La Palma), und in allen Höhen von La Gomera. Obwohl der vor-spanische Typ sich auch in den Dörfern der landwirtschaftlichen Gebiete findet, so ist er doch dort nicht so rein geblieben. Nach Frau Dr. Schwidetzky hat auch die Bevölkerung der Vororte der Hauptstadt Guanchenmerkmale, da sie hauptsächlich aus Menschen besteht, die vom Lande zur Hauptstadt gezogen sind.

Den Ausländern, die zu den Kanarischen Inseln kommen, fällt es nicht schwer, diese körperlichen Merkmale zu erkennen, Merkmale, die die Kanarier (von anderen) unterscheiden und die nach Dr. Schwidetzky folgende sind: Breite und kurze Gesichter, ausgeprägte hohe Wangen, deutliches Kinn, kleine Nase, die mehr breit als hoch und mehr konkav als konvex geformt ist, tiefliegende Augen, wobei die äusseren Augenwinkel höher liegen als die inneren, eher gebogene als gerade Augenbrauen, die Augen sind eher hell und das Haar ist eher dunkel, kräftige Ausbildung des Fingerreliefs... Es gibt auch weniger wichtige Merkmale wie: Grosser Mund, dicke Lippen, grosse und sehr lebendige Augen, grosse und weisse Zähne...

Unter den berühmtesten Forschern und Anthropologen, die die alte Guanchenrasse studiert haben, findet man 1930 R. Verneau, S. Berthelot und Fischer, 1959 Fusté, 1967 Rösing und vor allem 1963 und 1975 Frau Dr. Ilse Schwidetzky. Sie behaupten, dass die alte Guanchenrasse noch heute besteht und lebt, und dass die ausgegrabenen Schädel beim Vergleich mit denen der Kanarier eine grosse Ähnlichkeit aufweisen. Dr. Wölfel hatte im Jahre 1930 für Teneriffa «die spanische Einwanderung auf ein Drittel der jetzigen Bevölkerung» eingeschätzt.[111]

Wir begründen unsere Darstellung einmal auf die bisher geheim gewesenen Quellen der Geschichte, zum anderen auf anthropologische Statistiken und kommen so zur Schlussfolgerung, dass die Guanchenrasse noch immer auf den Kanarischen Inseln überwiegt.

Es lebt die Guanchenrasse noch immer im kanarischen Volk!

Diese Personen zeigen Guanchenmerkmale, die noch heutzutage zu finden sind, obwohl dies nicht heisst, dass es die reinsten oder die typischsten sind.

Diese Einwohner von La Palma haben die Gewohnheit beibehalten, sich ihrer Lanzen zu bedienen, um sich an Berghängen und in Schluchten fortzubewegen. Dies ist auch auf anderen Inseln gebräuchlich.

Wie alle Überlieferungen wird auch heute noch das Stockfechten ausgeübt, es wird durch die Jahre mündlich vom Vater auf den Sohn überliefert. Ein Beispiel hierfür ist die Famlie «los Verga» in La Esperanza (Teneriffa), die diesen Sport ähnlich wie die Ureinwohner betreiben.

Der gomerische «silbo» (Pfeifsprache) ist eine Guanchensprache, die bis heute noch im Gebrauch ist, um sich über grosse Entfernungen zu verständigen.

ANMERKUNGEN

1. Abreu Galindo, «Historia de la Conquista de las siete islas canarias», Seiten 49, 87, 149 und 291.
2. Schwidetzky, «La Población Prehispánica en Investigaciones Antropológicas en las Islas Canarias» Archaeologisches Museum von Santa Cruz de Tenerife, 1963 und 1975.
3. Schwidetzky, aufgefuehrtes Werk.
4. Le Canarien, Kap. LVIII.
5. Espinosa «Historia de Nuestra Señora de Candelaria», Seite 42.
6. Morales Padrón, F. (A. Sedeño) 1978, Seite 371.
7. Torriani «Descripción de las Islas Canarias», Seiten 107-108.
8. Espinosa, aufgefuehrtes Werk, Seite 37.
9. A. Galindo, aufgefuehrtes Werk, Seiten 159 und 269 und Espinosa, aufgefuehrtes Werk, Seite 38.
10. Espinosa, aufgefuehrtes Werk, Seite 38.
11. A. Galindo, aufgefuehrtes Werk, Seite 149.
12. A. Galindo, aufgefuehrtes Werk, Seite 157.
13. Siemens Hernández «La Música en Canarias», Seite 27.
14. A. Galindo, aufgefuehrtes Werk, Seite 155.
15. A. Galindo, aufgefuehrtes Werk, Seite 156.
16. Espinosa, aufgefuehrtes Werk, Seite 46.
17. A. Galindo, aufgefuehrtes Werk, Seite 266.
18. A. Galindo, aufgefuehrtes Werk, Seiten 31-32.
19. Espinosa, aufgefuehrtes Werk, Seite 32.

20. Sabino Berthelot, «Etnografía y Anales de la Conquista de las Islas Canarias», Goya Ediciones 1978, Seiten 150, 151, 152, 158 und 159.
21. González Antón R. y Tejera Gaspar, A. «Los Aborígenes Canarios», Seite 172.
22. González Antón, R. y Tejera Gaspar, A. Aufgefuehrtes Werk, Seite 204.
23. Le Canarien, Seite 134.
24. Millares Torres A. «Historia General de las Islas Canarias», Las Palmas de Gran Canaria, 1975. Band II, Seite 53.
25. «Le Canarien», Seite 43.
26. «Le Canarien», Seite 84.
27. A. Galindo, aufgefuehrtes Werk, Seite 80-81.
28. A. Galindo, aufgefuehrtes Werk, Seite 182.
29. A. Galindo, aufgefuehrtes Werk, Seite 182.
30. Morales Padrón, Gómez Escudero «Historia de la Conquista de Gran Canaria», 1978, Seite 57.
31. A. Galindo, Seiten 199 und 204.
32. Millares Torres A. aufgefuehrtes Werk. Band II, Seite 179. A. Galindo, Seite 211.
33. A. Galindo, aufgefuehrtes Werk, Seite 214.
34. A. Galindo, aufgefuehrtes Werk, Seite 214.
35. A. Galindo, aufgefuehrtes Werk, Seite 228.
36. A. Galindo, aufgefuehrtes Werk, Seite 231.
37. A. Galindo, Seite 234.
38. A. Galindo, aufgefuehrtes Werk, Seiten 267-278.
39. A. Galindo, aufgefuehrtes Werk, Seite 278.
40. A. Galindo, aufgefuehrtes Werk, Seite 286.
41. Espinosa, aufgefuehrtes Werk, Seite 96.
42. Rumeu de Armas, A. «La Conquista de Tenerife», Seite 186.
43. Rumeu de Armas, A., Aufgefuehrtes Werk, Seite 254.
44. Espinosa, aufgefuehrtes Werk, Seite 109.
45. Espinosa, aufgefuehrtes Werk, Seiten 96-97.
46. Rumeu de Armas, A. «La Política Indigenista de Isabel la Católica, Seiten 29 und 30.
47. Rumeu de Armas, A., aufgefuehrtes Werk, Seite 82.
48. Rumeu de Armas, A., aufgefuehrtes Werk, Seite 97 und 88.
49. Rumeu de Armas, A., aufgefuhertes Werk, Seiten 94 und 95.
50. Serra Rafols y Leopoldo de la Rosa «Fontes Rerum Canarium IV, Seite 68.
51. Serra Rafols y Leopoldo de la Rosa, aufgefuehrtes Werk, Seite 27.
52. Serra Rafols y Leopoldo de la Rosa, aufgefuehrtes Werk, Seite 68.
53. Serra Rafols y Leopoldo de la Rosa, aufgefuehrtes Werk, Seite 92.
54. Rumeu de Armas «La Política Indigenista de Isabel la Católica», Seite 62.
55. Millares Torres, A., aufgefuehrtes Werk, Band III, Seite 127.
56. Wölfel D. «La Curia Romana y la Corona de España en defensa de los aborígenes canarios», Seite 1.062.
57. A. Galindo, Seite 239.
58. A. Galindo, Seiten 179, 224, 226 und 227.
59. A. Galindo, Seite 231.

60. Rumeu de Armas «La política Indigenista de Isabel la Católica», Seite 288.
61. Jiménez Sánchez, S. «Primer repartimiento de tierra y agua de Gran Canarias», 1936.
62. A. Galindo, Seite 325.
63. Serra Rafols, Elías. «Las Datas de Tenerife», 1978.
64. Wölfel, aufgefuehrtes Werk, Seiten 1.058 und 1.060.
65. Wölfel, aufgefuehrtes Werk, Seiten 1.020 und 1.051.
66. Wölfel, aufgefuehrtes Werk, Seiten 1.022, 1.061 und 1.062.
67. Rumeu de Armas, «La Política Indigenista de Isabel la Católica», Seite 61.
68. Rumeu de Armas, aufgefuehrtes Werk, Seite 70.
69. Rumeu de Armas, «La Política Indigenista de Isabel la Católica» Seiten 88-89.
70. Rumeu de Armas, aufgefuehrtes Werk, Seite 90.
71. Rumeu de Armas, aufgefuehrtes Werk, Seite 92.
72. Rumeu de Armas, 93.
74. Rumeu de Armas, aufgefuehrtes Werk, Seite 107.
75. Rumeu de Armas, «La Política Indigenistas de Isabel la Católica», Seite 111.
76. Rumeu de Armas, «La Política Indigenista de Isabel la Católica», Seite 97.
77. Rumeu de Armas, aufgefuehrtes Werk, Seite 97.
79. Fontes Rerum Canariarum IV, Seite 92.
80. Rumeu de Armas, aufgefuehrtes Werk, Seite 97.
81. Rumeu de Armas, «La Política Indigenista de Isabel la Católica», Seite 62.
82. Manuela Marrero, «La Esclavitud en Tenerife a través de la conquista», Seite 82.
83. Manuela Marrero, aufgefuehrtes Werk, Seiten 88-89.
84. Manuela Marrero, aufgefuehrtes Werk, Seite 104.
85. Manuela Marrero, «La esclavitud en Tenerife y a través de la conquista», Seite 101.
86. Manuela Marrero, aufgefuehrtes Werk, Seiten 102, 103 und 104.
87. Millares Torres, A. «Historia General de las Islas Canarias», Band III, Seite 190. Siehe Millares Torres A. in «Historia de la Inquisición de las Islas Canarias.
88. Millares Torres, A., aufgefuehrtes Werk, Band III, Seiten 190-191.
89. Espinosa, aufgefuehrtes Werk, Seite 45.
90. Millares Torres, A. «Historia General de las Islas Canarias», Band III, Seite 130.
91. Espinosa, aufgefuehrtes Werk, Seite 125.
92. Victor Grau Basas, «Usos y costumbres de la población campesina de Gran Canaria» (1855-1888), Seite 13.
93. Victor Grau Basas, aufgefuehrtes Werk, Seite 17.
94. Victor Grau Basas, aufgefuehrtes Werk, Seite 17.
95. Victor Grau Basas, aufgefuehrtes Werk, Seite 27.
96. Victor Grau Basas, aufgefuehrtes Werk, Seite 29.

97. Verneau, «Cinco años de estancia en las Islas Canarias, Seite 157.
98. Verneau, aufgefuehrtes Werk, Seiten 204-205.
99. Verneau, aufgefuehrtes Werk, Seite 218.
100. Verneau, aufgefuehrtes Werk, Seite 226.
101. Verneau, aufgefuehrtes Werk, Seite 234.
102. Verneau, aufgefuehrtes Werk, Seite 172.
103. Verneau, aufgefuehrtes Werk, Seite 238.
104. Diego Cuscoy, «Los Guanches», Seite 223.
105. Diego Cuscoy, «Los Guanches», Seite 223.
106. Diego Cuscoy, «Los Guanches», Seite 224.
107. Millares Torres A. «Historia General de las Islas Canarias», Band III, Seite 127.
108. Millares Torres, A., aufgefuehrtes Werk, Seite 127.
109. Rumeu de Armas, «La conquista de Tenerife», Seite 115.
110. Ilse Schwidetzky, «Investigaciones antropológicas en las Islas Canarias», 1975, Seite 92.
111. Schwidetzky, «Investigaciones antropológicas en las Islas Canarias, 1975, Seite 73.

LITERATUR-NACHWEIS

-ABREU GALINDO, J. "Historia general de las Siete Islas Canarias". Goya Ediciones, S/C de Tenerife, 1977.

-ALMAGRO, M. "El arte rupestre del Africa del Norte en relación con la rama norteafricana de Cro-Magnon". Anuario de Estudios Atlánticos, Madrid, 1969.

-ALONSO, M.R. "El poema de Viana", Madrid, 1952.

-ALVAREZ DELGADO, J. "La conquista de Tenerife. Un reajuste de datos hasta 1496". Revista de Historia. La Laguna de Tenerife.

"Los aborígenes canarios ante la lingüística". Atlantis, Madrid, 1941.

"Inscripciones líbicas de Canarias. Ensayos de interpretación". La Laguna, 1964.

"Analogías Arqueológicas canario-africanas". Revista de Historia Canaria, 1967.

-ANUARIO DE ESTUDIOS ATLANTICO I, 1955.

-AZURARA, G. "Crónica do descobrimiento e conquista de Guiné". Edición Carreira-Santaren, Paris, 1841.

-BERTHELOT, S. "Etnografía y anales de la conquista de las Islas Canarias". Goya Ediciones. S/C de Tenerife, 1978.

-BLANCO MONTESDEOCA, J. "Breve noticia histórica de las Islas Canarias". Edición 1976. Excmo. Cabildo Insular de G. Canaria.
-BONTIER Y LE VERRIER. "Le Canarien". Instituto de Estudios Canarios. La Laguna - Las Palmas, 1960.
-BOSCH MILLARES, J. "La medicina canaria en la época prehispánica". Anuario de Estudios Atlánticos. 1962. Madrid - Las Palmas.
"Paleopatología ósea de los primitivos pobladores de Canarias". Cabildo Insular de G. Canaria, 1975.
-BRAVO, T. "Geografía de Canarias". Goya Ediciones, S/C de Tenerife, 1954.
-CIORANESCU, A. "Historia de Santa Cruz de Tenerife". Servicio de Publicaciones de la Caja General de Ahorros de S/C de Tenerife, 1977.
"Juan de Bethencourt". Aula de Cultura de Tenerife, 1982.
-COELLO GOMEZ - RODRIGUEZ GONZALEZ - PARRILLA LOPEZ. "Protocolos de Alonso Gutiérrez" (1522-1525). Aula de Cultura del Cabildo Insular de Tenerife, en colaboración con el Instituto de Estudios Canarios. S/C de Tenerife, 1980.
-CORTES, V. "La conquista de las Islas Canarias a través de la venta de esclavos en Valencia". Anuario de Estudios Atlánticos, 1955.
-CHIL Y NARANJO. "Estudios históricos, climatológicos y fitopatológicos de las Islas Canarias". Las Palmas de G. Canaria, 1876.
-DARIAS Y PADRON. "Historia de la religión en Canarias". Editorial Cervantes, S/C de Tenerife, 1957.
-DEL ARCO AGUILAR, C. "El enterramiento canario prehispánico". Complemento de la Historia General de Canarias de Agustín Millares Torres, 1975.
-DE LA ROSA OLIVERA, I. "Vecindario de la Ciudad de S. Cristóbal de La Laguna en el s. XVI". La Laguna, 1949.
"Notas sobre los Reyes de Tenerife y sus familias". Revista de Historia. La Laguna de Tenerife.
-DE LA ROSA OLIVERA Y SERRA RAFOLS. "Acuerdos del Cabildo de Tenerife" (1508-1513). Fontes Rerum Canariarum V. La Laguna de Tenerife, 1952.
"Acuerdos del Cabildo de Tenerife" (1514-1518). Fontes Rerum Canariarum XII. La Laguna de Tenerife, 1965.

"El Adelantado D. Alonso de Lugo y su Residencia por Lope de Sosa". Fontes Rerum Canariarum III. La Laguna de Tenerife, 1949.

"Proceso de Reformación del Repartimiento de Tenerife". Fontes Rerum Canariarum VI. La Laguna de Tenerife, 1953.

-DIEGO CUSCOY, L. "Armas de los primitivos canarios". Aula de Cultura del Cabildo de Tenerife, 1968.

"Los Guanches". Museo Arqueológico, S/C de Tenerife, 1968.

"Los molinos de mano". Revista de Historia, La Laguna de Tenerife, 1950.

"Notas para una historia de la antropología canaria". Complemento de la Historia General de Canarias de Agustín Millares Torres, 1975.

-ESPINOSA, A. "Historia de Nuestra Sra. de Candelaria". Goya Ediciones, S/C de Tenerife, 1967.

"Fontes Rerum Canariarum". Instituto de Estudios Canarios. El Museo Canario. La Laguna - Las Palmas, 1959. (Varios tomos).

-FUSTE ARA, M. "Algunas observaciones acerca de la antropología de las poblaciones prehispánicas actuales de G. Canaria". Revista El Museo Canario, 1958-1959.

-GARCIA MARQUEZ, F. "Almogarens y Goros" Una construcción aborígen en la montaña de Tauro. (G. Canaria). Anuario de Estudios Atlánticos, 1968.

-GOMEZ ESCUDERO, P. "Historia de la conquista de G. Canaria". El Museo Canario, 1978.

-GONZALEZ ANTON, R. - TEJERA GASPAR, A. "Los aborígenes canarios". Secretariado de publicaciones Universidad de La Laguna, 1981.

-GONZALEZ YANES Y MARRERO RODRIGUEZ. Protocolos de Hernán Guerra". Fontes Rerum Canariarum VII, La Laguna de Tenerife, 1958.

-GUERRA CABRERA, P. "Los guanches del Sur de Tenerife". Colección de Historia del Centro de la Cultura Popular Canaria (CCPC). La Laguna, 1980.

-GRAU BASSAS, V. "Usos y costumbres de la población campesina de Gran Canaria" (1885 - 1888). El Museo Canario, 1980.

-HERNANDEZ GARCIA, J. "Algunos aspectos de la emigración de las Islas Canarias a Hispanoamérica en la segunda mitad del S. XIX" (1840-1895). Bohlau Verlag, 1976.

-HERNANDEZ PEREZ, M. "Contribución a la carta arqueológica de la Isla de La Palma". Anuario de Estudios Atlánticos. Madrid, 1972.

"Pinturas y grabados rupestres en el Archipiélago Canario". Complemento de la Historia General de Canarias de Agustín Millares Torres, 1975.

-JIMENEZ DE GREGORIO. "La población de las Islas Canarias en la segunda mitad del s. XVIII". Anuario de Estudios Atlánticos.

-JIMENEZ SANCHEZ, S. "La prehistoria de G. Canaria". Revista de Historia, La Laguna, 1945.

-LADERO, M.A. "Estructura económica de Canarias a comienzos del s. XVI". Revista Campus, Nº 0.

-LOPEZ HERRERA, S. "Las Islas Canarias a través de la Historia". Madrid, 1972.

-MARIN Y CUBAS, T. "Historia de las Siete Islas Canarias". 1964.

-MARTIN SOCAS, D. "Etnología aborígen de Lanzarote y Fuerteventura". Complemento de la Historia General de Canarias de Agustín Millares Torres, 1975.

-MARRERO RODRIGUEZ, M. "Protocolos del escribano Juan Ruiz de Berlanga". Fontes Rerum Canariarum XVIII. La Laguna de Tenerife, 1974.

"La esclavitud en Tenerife a raiz de la conquista". Instituto de Estudios Canarios. La Laguna de Tenerife, 1966.

-MILLARES TORRES, A. "Historia General de las Islas Canarias". Complementada con elaboraçiones actuales de diversos especialistas. Las Palmas de G. Canaria, 1975. Tomos I, II y III.

"Historia de la inquisición en las Islas Canarias". Anuario de estudios medievales. Editorial Benchomo 1981.

-MORALES PADRON, F. "Canarias en América y América en Canarias". Revista de Estudios Americanos. Sevilla, 1956.

-NATURA Y CULTURA DE LAS ISLAS CANARIAS. S/C de Tenerife, 1979. Tercera Edición.

-NAVARRO ARTILES, F. "Teberite, diccionario de la lengua aborígen canaria". Las Palmas de Gran Canaria, 1981.

-NUÑEZ DE LA PEÑA, J. "Conquista y antigüedades de las islas de la Gran Canaria...". Santa Cruz de Tenerife, 1847.

-PERAZA DE AYALA, J. "Juan de las Casas y el Señorío de Canarias". Revista de Historia. La Laguna de Tenerife.

"El Régimen comercial de Canarias con las Indias en los s. XVI, XVII y XVIII". Universidad de La Laguna. Facultad de Filosofía y Letras, 1952.
-PEREZ VOITURIEZ. "Problemas jurídicos-internacionales de la conquista de Canarias". Universidad de La Laguna. Secretariado de Publicaciones, 1958.
-PEREZ DE BORRADAS, J. "Estado actual de las investigaciones prehistóricas sobre Canarias". Las Palmas de G. Canaria, 1939. El Museo Canario.
-RUMEU DE ARMAS, A. "Alonso de Lugo en la Corte de los Reyes Católicos". Biblioteca Reyes Católicos. Madrid, 1952.
"La política indigenista de Isabel la Católica". Instituto Isabel la Católica de Historia Eclesiástica, Valladolid, 1969.
"La Conquista de Tenerife". Aula de Cultura de Tenerife, 1975.
"Piratería y ataques navales contra las Islas Canarias". C.S.I.C., Madrid, 1945.
-SCHWIDETZKY, I. "La población prehispánica de las Islas Canarias". Museo Arqueológico. S/C de Tenerife, 1963.
"Investigaciones antropológicas en las Islas Canarias". Museo Arqueológico, S/C de Tenerife, 1975.
-SEDEÑO, A. "Historia de la conquista de G. Canaria". Galdar, 1936.
-SERRA RAFOLS, E. "La Arqueología Canaria". La Laguna de Tenerife, 1918.
"La navegación primitiva en los mares de Canarias". Revista de Historia, La Laguna, 1957.
"El Adelantado Alonso de Lugo". A. C. de Tenerife.
"I Redescubrimiento de las Islas Canarias en el s. XIV". La Laguna de Tenerife, 1961.
"Acuerdos del Cabildo de Tenerife" (1497-1508). Fontes Rerum Canariarum IV. La Laguna de Tenerife, 1949.
"Los portugueses en Canarias". Discurso inaugural en la Universidad de S. Fernando de La Laguna, 1941-42.
"Las Datas de Tenerife". Instituto de Estudios Canarios. La Laguna de Tenerife, 1978.
-SERRA RAFOLS Y DE LA ROSA OLIVERA. "Los reinos de Tenerife". La Laguna, 1945.
"Acuerdos del Cabildo de Tenerife" (1497-1507) - (1508-1513) - (1514-1518) - (1518-1525). Colección Fontes Rerum Canariarum, I.C.E.

–SIEMENS HERNANDEZ, L.: «La música en Canarias». El Museo Canario. Las Palmas de Gran Canaria, 1977.
«La música aborigen». Complemento a la Historia General de Canarias de Agustín Millares Torres, 1975.
los aborígenes canarios», Anthropos XXV. Viena, 1930.
«Los esclavos guanches en la isla de Madeira». Periódico La Provincia. Las Palmas de Gran Canaria, 12-VIII-1983,
–TORRIANI, L.: «Descripción de las Islas Canarias» Ed. Goya, S/C de Tenerife, 1959.
–TRUJILLO CABRERA, J.: «Episodios gomeros del siglo XV». Ed. Gráficas de Tenerife, 1969.
–VERNEAU, R.: «Cinco años de estancia en las islas Canarias». Ediciones J.A.D.L. La Orotava, Tenerife, 1981.
–VIANA, A. «Antigüedades de las Islas Afortunadas de la Gran Canaria», La Laguna, 1968.
«Conquista de Tenerife y aparescimiento de la ymagen de Candelaria». Edición por Alejandro Cioranescu. Aula de Cultura de Tenerife, 1968.
–VIERA Y CLAVIJO, J: «Noticias de la Historia General de las Islas Canarias». Goya Ediciones, S/C de Tenerife, 1967, Sexta Edición.
–YANES CARRILLO, A.: «Cosas viejas de la mar». J. Régulo, Editor, S/C de La Palma, 1953.
–WÖLFEL. «Un jefe de la tribu gomera y sus relaciones con con la Curia Romana». Investigación y Progreso. Madrid, 1930.
«La Curia Romana y la Corona de España en la defensa de

INHALTS-VERZEICHNIS

LEBENSLAUF

José Luis Concepción Francisco wurde am 15. April 1948 in Breña Alta auf La Palma geboren. Nach dem Schulbesuch studierte er Musik und betätigte sich danach in der Musikgruppe seines Heimatortes. Als Berufstätiger bereitete er sich mit Erfolg in Abendkursen auf das Abitur vor.

Mit 18 Jahren emigrierte er nach England für 10 Jahre und studierte Englisch und andere Sprachen, wobei er in der Hotelerie und zuletzt als Versicherungsvertreter arbeitete.

Mit 28 Jahren kehrte er nach Teneriffa zurück, wo er Lehrer für Englisch an einer Privatschule wurde und dann als «guia» im Tourismus tätig war.

Er ist Autor der Bücher «Costumbres, tradiciones y remedios medicinales canarios» und «Nombres propios guanches».

Im April 1984 gründete er die «Asociación Cultural de las Islas Canarias».